믿음과 분쟁의 역사
세계의 종교

믿음과 분쟁의 역사 세계의 종교

1판 2쇄 발행 2024년 5월 9일

글쓴이	김경희
그린이	김석
펴낸이	이경민
펴낸곳	㈜동아엠앤비
출판등록	2014년 3월 28일(제25100-2014-000025호)
주소	(03737) 서울특별시 마포구 월드컵북로22길 21, 2층
전화	(편집) 02-392-6901 (마케팅) 02-392-6900
팩스	02-392-6902
전자우편	damnb0401@naver.com
SNS	f ⓘ blog

ISBN 979-11-6363-247-4 (74400)

※ 책 가격은 뒤표지에 있습니다.
※ 잘못된 책은 구입한 곳에서 바꿔 드립니다.
※ 이 책에 실린 사진은 위키피디아, 셔터스톡에서 제공받았습니다.

도서출판 뭉치는 ㈜동아엠앤비의 어린이 출판 브랜드로, 아이들의 지식을 단단하게 만들어 주고, 아이들의 창의력과 사고력을 키워 주어 우리 자녀들이 융합형 창의 사고뭉치로 성장할 수 있도록 좋은 책을 만들겠습니다.

 ## 펴내는 글

이슬람교도와 힌두교도는 왜 사이가 안 좋을까?
종교 분쟁을 해결할 수 있는 방법은 없을까?

선생님의 질문에 교실은 일순간 조용해지기 시작합니다. 인내심이 한계에 다다른 선생님께서 콕 집어 누군가의 이름을 부르는 순간 내가 걸리지 않았다는 안도감에 금세 평온을 되찾지요. 많은 사람 앞에서 어떻게 말을 해야 할까 고민 한번 해 보지 않은 사람은 없을 겁니다.

사람들 앞에서 자신의 생각을 조리 있게 전달하는 기술은 국어 수업 시간에만 필요한 것이 아닙니다. 학교 교실뿐만 아니라 상급 학교 면접 자리 또는 성인이 된 후 회의에서도 자신의 의견을 분명히 표현할 수 있어야 합니다. 하지만 어디서부터 시작해야 할지 몰라 입을 떼는 일이 쉽지 않습니다. 혀끝에서 맴돌다 삼켜 버리는 일도 종종 있습니다. 얼떨결에 한마디 말을 하게 되더라도 뭔가 부족한 설명에 왠지 아쉬움이 들 때도 많습니다.

논리적 사고 과정과 순발력까지 필요로 하는 토론장에서 자신만의 목소리를 내려면 풍부한 배경지식은 기본입니다. 게다가 고학년으로 올라가서 배우는 수업과 진학 시험에서의 논술은 교과서 속의 내용만을 요구하지 않습니다. 또한 상대의 의견을 받아들이거나 비판하기 위해서도 의견의 타당성과 높은 수준의 가치 판단을 해야 하는 경우가 많은데, 자신의 입장을 분명히 하기 위해선 풍부한 자료와 논거가 필요합니다.

토론왕 시리즈는 사회에서 일어나는 다양한 사건과 시사 상식 그리고 해마다 반복되는 화젯거리 등을 초등학교 수준에서 학습하고 자신의 말로 표현할 수 있도록 기획되었습니다. 체계적이고 널리 인정받은 여러 콘텐츠를 수집해 정리하였고, 전문 작

가들이 학생들의 발달 상황에 맞게 스토리를 구성하였습니다. 개별적으로 만들어진 교과서에서는 접할 수 없는 구성으로 주제와 내용을 엮어 어린 독자들이 과학적 사고뿐만 아니라 문제 해결력, 비판적 사고력을 두루 경험할 수 있도록 하였습니다. 폭넓은 정보를 서로 연결 지어 설명함으로써 교과별로 조각나 있는 지식을 엮어 배경지식을 보다 탄탄하게 만들어 줍니다. 뿐만 아니라 국어를 기본으로 과학에서부터 역사, 지리, 사회, 예술에 이르기까지 상식과 사회에 대한 감각을 익히고 세상을 올바르게 바라보는 눈도 갖게 할 것입니다.

  멕시코 고대 유물전에 간 쌍둥이 대한이와 민국이는 전시되어 있는 아스텍의 전사 인형을 만지다 그만 인형을 떨어뜨리고 말아요. 인형이 깨지면서 쌍둥이는 순식간에 고대 아스텍 부족의 마을로 시간 이동을 하게 되지요. 제사를 방해했다며 잡으러 오는 사람들에게서 대한이와 민국이를 구해 준 전사 카파크는 사악한 마녀의 저주로 인형 속에 갇혀 있다가 쌍둥이 덕분에 저주에서 풀려난 거였어요. 카파크 아저씨와 함께 최고의 종교를 찾기 위해 여행을 떠난 쌍둥이는 세계 3대 종교인 그리스도교, 이슬람교, 불교의 역사와 가르침, 그 밖에 힌두교, 유대교, 유교 등에 대해 알아 가지요. 이 책을 통해 독자 여러분이 종교에 대한 다양한 정보와 특성을 이해하고, 그 과정에서 나타나는 여러 가지 사회 현상을 파악해 올바른 가치관을 갖게 된다면 더없이 소중한 시간이 될 것입니다.

편집부

펴내는 글 4
아스텍의 전사 인형 8

1장 종교의 기원을 찾아서: 아스텍 문명 11

아스텍 달력의 비밀
부족의 무법자

토론왕 되기!
선사시대 사람들은 왜 태양이나 동물을 신으로 섬겼을까?

2장 십자군 전쟁은 왜 일어났을까?: 기독교 39

십자군 군사를 만나다
성경을 찾아라!

토론왕 되기!
루터의 종교개혁 운동은 왜 일어났을까?

3장 불교의 생명 존중 사상 59

살아 있는 것은 아무것도 죽이지 마라!
진짜 부처와 가짜 부처

토론왕 되기!
생명 경시 풍조를 해결할 열쇠가 불교에 있다고?

4장 평화의 종교 이슬람교 79

사라진 태양의 돌을 찾아라!
재판에 넘겨진 쌍둥이

토론왕 되기!
이슬람교도와 힌두교도가 사이 좋게 지낼 방법은 없을까?

5장 세계의 여러 종교와 문화 101

사면초가에 빠진 쌍둥이
탈무드에 반하다

토론왕 되기!
유교의 삼강오륜, 현대에도 적용될 수 있을까?

종교 관련 사이트 123
어려운 용어를 파헤치자! 124
신 나는 토론을 위한 맞춤 가이드 128

아스텍의 전사 인형

1장

종교의 기원을 찾아서
아스텍 문명

아스텍 달력의 비밀

쌍둥이를 감싼 빛이 소용돌이처럼 빙글빙글 도는가 싶더니 서서히 멈췄어요. 바로 그 순간, 천둥 같은 소리가 들려왔어요.

"네 이놈! 감히 제사를 방해하다니!"

대한이와 민국이는 동시에 눈을 떴어요. 그러자 만화영화에서 봤던 아스텍의 제사장이 칼을 든 채 쌍둥이를 무섭게 노려보고 있는 게 아니겠어요? 민국이는 재빨리 주변을 살펴보았어요. 널찍한 제단 위에 가면을 쓴 사람이 누워 있었어요. 그리고 제단 아래에는 사람들이 웅성거리며 쌍둥이를 지켜보고 있었지요. 순간, 쌍둥이는 숨이 멎는 것 같았어요.

"형, 여기 이상해!"

민국이가 대한이의 옷자락을 붙들며 속삭였어요.

"일단 여기를 벗어나자!"

대한이의 말이 끝나자마자, 쌍둥이는 손을 잡고 무작정 뛰었어요.

"전사들이여! 당장 저놈들을 잡아 오너라!"

제사장이 전사들을 향해 소리쳤어요. 쌍둥이는 뒤도 돌아보지 않고 달렸어요. 제단이 있는 곳을 빠져나왔지만 전사들은 계속해서 쌍둥이를 쫓아왔어요. 쌍둥이는 벽돌집들이 옹기종기 모여 있는 마을로 뛰어갔어요.

"형, 난 다리가 아파 도저히 더 못 뛰겠어."

민국이가 숨을 헐떡이며 소리쳤어요. 바로 그때였어요. 큼지막한 손이 대한이와 민국이를 벽돌집 안으로 잡아끌었어요. 화려한 색상의 깃털 장식품을 모자처럼 머리에 쓴 남자였어요.
"쉿!"
남자가 자기 입에 손가락을 갖다 대며 조용히 하라는 시늉을 했어요. 때마침 바로 앞 골목으로 대여섯 명의 전사들이 우르르 몰려가는 게 보였어요.

"휴, 이제 모두 갔어. 안심해도 좋아!"
남자가 골목을 살피며 말했어요.
"아저씨 누구예요?"
민국이가 물었어요.
"나는 카파크라고 해! 너희는 대한이랑 민국이 맞지?"
카파크가 대한이와 민국이를 가리키며 말했어요.

아스텍 군대에서 가장 높은 계급인
'재규어 전사'

"우리 이름을 어떻게 알아요?"
"너희들 나 본 적 없니?"
카파크가 누런 이를 드러내며 활짝 웃었어요. 카파크의 말에 민국이가 눈을 반짝였어요.
"그러고 보니까 아저씨! 박물관에서 봤던 전사 인형이랑 똑같이 생겼네요. 머리에 꽂은 깃털도 똑같고 팔에 장식이랑 신발도 똑같아요."
"맞아! 잘 봤어. 난 너희들이 박물관에서 봤던 바로 그 전사란다."
카파크가 함박웃음을 지으며 대답했어요.
"그런데 왜 우리가 여기 있는 거예요? 분명 박물관에 있었는데."
대한이는 이해가 되지 않는다는 듯 어깨를 들썩이며 물었어요.
"믿기 힘들겠지만, 너희들은 지금 고대 아스텍에 와 있단다."
카파크의 말에 민국이가 갑자기 대한이의 팔을 꼬집었어요.

"아얏! 왜 그래?"

대한이가 소리를 질렀어요.

"우리가 지금 고대 아스텍에 와 있다고 하잖아. 꿈인지 진짜인지 확인해 봐야지."

"뭐야? 그럼 민국이 네 팔을 꼬집어야지 왜 내 팔을 꼬집니?"

"그거야 내 맘이지! 그런데 진짜 아팠어?"

"그래! 진짜 아팠어. 너도 한 번 꼬집혀 볼래?"

대한이가 달려들자, 민국이가 손사래를 쳤어요.

"형, 지금 그게 중요한 게 아니야! 형이 아팠다는 건 우리가 진짜 고대 아스텍에 와 있다는 말이 되잖아."

민국이의 말에 놀란 대한이가 카파크를 바라보았어요.

"아저씨, 왜 우리가 여기 있는 거예요?"

"너희들이 이곳에 오게 된 건 민국이가 갖고 있는 '태양의 돌' 때문이야. 사실, 나는 마녀의 저주 때문에 인형이 되었어. 그리고 너희가 인형을 깨뜨리는 바람에 방금 마녀의 저주에서 풀려났지."

카파크의 말에 대한이가 민국이의 손에 들린 주먹만 한 동전을 살펴보았어요.

"혹시 이 동전이 태양의 돌이에요?"

"그래! 태양의 돌에는 신비한 마법의 능력이 있어."

카파크의 대답에 놀랐는지 민국이가 태양의 돌을 바닥에 떨어뜨렸어요.

"저런!"

카파크가 땅에 떨어진 태양의 돌을 조심스럽게 집어 들었어요.

"아저씨, 제단 앞에서 칼을 들고 있던 사람이 혹시 마녀예요?"

민국이가 침을 꼴깍 삼키며 물었어요.

"아니야. 그 사람은 아스텍 부족의 제사를 주관하는 제사장이야."

"제사장이 왜 우리를 잡으려고 한 거예요?"

 대한이의 종교노트   종교는 어떻게 시작되었을까?

먼 옛날 우리 조상들은 사냥을 하거나 농사를 짓고 살았어요. 사람들은 사냥감이 잘 잡히고 농사가 풍년이 들어 잘살기를 바랐지요. 그런데 우리 인간이 잘살기 위해서는 절대적인 힘을 가진 누군가가 우리를 지켜주고 도와주어야 한다고 생각했어요. 그래서 동물이나 식물, 바다, 산 같은 자연의 힘을 믿고 섬겼지요. 이것이 바로 종교의 시작이었어요.

종교는 인간이 사는 곳이면 어디에나 있어요. 예수나 부처, 알라신 등 믿는 신은 조금씩 다르지만, 신을 믿는 진실된 마음만은 모두 같답니다.

불교의 창시자 석가모니

예배를 드리는 이슬람교도들

"너희가 갑자기 나타나는 바람에 제사가 엉망이 되었거든. 이곳 부족은 특별한 날을 정해서 도시의 중심에 있는 광장에 모여 뱀신에게 제사를 지낸단다."

카파크가 담담하게 대답했어요.

"뱀신이라고요?"

민국이가 깜짝 놀라 소리쳤어요.

"설마 기다랗고 징그럽게 생긴 그 뱀을 믿는다는 말은 아니겠죠?"

대한이가 물었어요.

"아니긴! 우리 부족은 뱀신을 믿어."

"뱀이 어떻게 신이 돼요? 형, 이 사람들 이상한 종교를 믿나 봐!"

민국이가 겁에 질린 듯 벌벌 떨었어요.

"종교? 종교가 뭐야?"

카파크가 궁금한 듯 물었어요.

"어른이 종교가 뭔지도 몰라요?"

"응! 처음 듣는 말이야. 종교가 뭐니?"

"종교란 어떤 신을 찬양하고 믿는 거예요. 아저씨네 부족들이 뱀을 신처럼 떠받드는 것처럼 기독교에서는 예수를 믿고 불교에서는 석가모니를 믿고, 이슬람교는 알라를 믿어요."

"예수와 석가는 또 누구냐?"

카파크가 물었어요.

"예수는 기독교의 창시자, 석가모니는 불교를 만든 사람이에요."

대한이의 말이 끝나자마자, 바깥에서 시끄러운 소리가 들려왔어요. 갑자기 카파크의 집 밖이 시끄러워졌어요.

"카파크! 카파크, 집에 있나?"

다급한 남자의 목소리가 들려왔어요. 순간, 카파크의 눈초리가 위로 치켜 올라갔어요.

"쉿! 절대 나오지 마라."

카파크가 이렇게 말하며 재빨리 밖으로 나갔어요. 쌍둥이는 귀를 쫑긋 세우고 밖에서 들려오는 이야기에 귀를 기울였어요. 카파크의 퉁명스러운 목소리가 들려왔어요.

"여기까지 웬일인가? 설마 내가 보고 싶어서 온 것은 아닐 테고."

"방금 전에 제단 근처에서 자네를 봤다는 얘길 듣고 설마설마 했는데 정말 돌아왔구먼!"

"그 말은 내가 돌아오지 않길 바랐다는 것처럼 들리는데."

"카파크 자네도 참! 그게 아니라는 걸 누구보다 잘 알지 않나? 자네 아직도 내가 제사장 밑에서 일하는 게 못마땅한가 보군."

"그건 됐고! 우리 집엔 무슨 일인가?"

"혹시 이쪽으로 이상한 아이들 오는 거 못 봤나?"

"아이들이라고? 개미 새끼도 못 봤네!"

카파크가 시치미를 뚝 뗐어요.

"어떤 애를 찾는데 그래? 뉘 집에서 애라도 잃어버렸나?"
카파크가 물었어요.
"이상하게 생긴 애들이 글쎄 제사를 엉망으로 만들었지 뭔가? 그 때문에 제사장이 머리끝까지 화가 났어."
"난 또 뭐라고! 그런 일이라면 상을 줘야 하는 거 아닌가? 덕분에 한 사람 목숨을 살렸잖아."
카파크가 심통이 난 표정으로 쏘아붙였어요.
"자네는 여전하군! 알았네, 알았어. 난 이만 가 보겠네."
남자의 말이 끝나자마자, 거칠게 문을 닫는 소리가 들렸어요. 민국이가 별안간 옆에 세워져 있던 창을 들었어요. 만약 전사들이 들어오면 저항을 할 셈이었지요. 대한이도 흑요석 칼을 집어 들었어요.

부족의 무법자

드르륵, 카파크가 문을 열고 들어왔어요. 카파크는 쌍둥이의 키보다도 훨씬 큰 창을 들고 있는 민국이의 모습이 우스운지 킥킥거렸어요.

"하하하! 그걸 들고 싸울 수나 있겠어?"

카파크의 말에 민국이는 창을 아무렇게나 던져 두었어요.

"이건 뭐로 만들었기에 이렇게 무거워요?"

"그건 흑요석이라는 돌로 만든 거야. 우리 부족들은 흑요석으로 칼과 화살촉, 도끼 같은 무기를 만들어 사용해. 여긴 원래 무기를 만드는 곳이었지. 그런데 다 잡혀가고 지금은 나 혼자 남았어."

흑요석
마그마가 급격히 식으면서 굳어져 만들어진 화산암

카파크가 마음이 불편한 듯 길게 한숨을 내쉬었어요. 쌍둥이는 침을 꿀꺽 삼킨 채 카파크를 바라보았어요.

"아저씨, 저 사람들 설마 우리를 잡으러 온 거예요?"

"응!"

카파크의 말에 대한이와 민국이의 표정이 삽시간에 바뀌었어요.

"형, 책에서 읽었는데 아스텍 사람들은 사람을 제물로 바친다던데, 이러다 우리 둘……."

민국이의 말이 채 끝나기도 전에 대한이가 카파크의 옷자락을 붙잡았어요.

"아저씨, 빨리 집에 보내주세요!"

"도와주세요. 집에 보내주세요!"

대한이도 맞장구를 쳤어요.

"그건 내가 할 수 없는 일이야!"

카파크가 단호하게 대답했어요.

"말도 안 돼요! 우리를 이곳에 오게 한 사람이 바로 아저씨 아닌가요?"

"그건 나 때문이 아니라 너희 때문이야. 너희가 태양의 돌만 만지지 않았어도 여기까지 오지 않았을 거야."

"맙소사! 그럼 어떻게 해야 집으로 돌아갈 수 있어요?"

"태양의 돌이 한 바퀴를 돌아야 너희 집으로 돌아갈 수 있단다."

네 개의 멸망한 세상과 지금의 세상을 보여주는 태양의 돌

"태양의 돌이 어딜 한 바퀴 돈다는 말이에요?"
"자, 잘 보렴."
카파크가 태양의 돌을 손가락으로 가리키며 말했어요.
"가운데에 있는 사람은 태양신인데, 바깥쪽에 있는 스무 개의 조각이 보이지? 이 조각이 모두 반짝여야만 너희들이 원래 있던 자리로 돌아갈 수 있단다."
"어떻게 해야 조각이 반짝여요?"
"그건 나도 몰라!"
카파크의 말에 쌍둥이의 눈빛이 흔들렸어요. 그때 신기하게도 첫 번째 조각이 반짝였어요.
"이것 좀 보세요! 조각이 반짝여요!"
하지만 반짝임은 곧 멈췄어요.
"조각은 어떤 때는 하루에 한 번씩 반짝일 때도 있고, 또 어떤 때는 다섯 개가 한꺼번에 반짝일 때도 있어."
"그 말은 언제 모두 반짝일지는 모른다는 말이네요?"
"그렇지!"
"에휴! 모두 반짝일 때까지 어떻게 기다리지? 이러다 잡혀서 제물이 되는 거 아니야?"
민국이가 한숨을 푹 쉬었어요.
"안심해! 내일까지는 아무도 안 올 거야. 제사 준비를 하느라 모두들

 대한이의 종교노트 아스텍 사람들은 왜 사람을 제물로 바쳤을까?

희생된 사람의 해골들을 모아 놓는 아스텍의 제단

아스텍 사람들은 어째서 사람을 제물로 바쳤을까요? 아스텍 사람들은 태양신을 숭배했는데, 태양을 날마다 떠오르게 하기 위해서는 태양신에게 사람의 심장에서 나오는 피를 바쳐야 한다고 생각했대요. 그래서 사람을 제물로 바치게 된 것이랍니다.

바쁠 테니까."

카파크가 쌍둥이를 안심시켰어요.

"아저씨, 혹시 제사라는 게 사람을 제물[01]로 바치는 건가요?"

"맞아. 그런데 그걸 어떻게 알았니?"

"책에서 봤어요. 옛날 아스텍 사람들은 사람을 제물로 바쳤다면서요. 우리 엄마가 그러는데, 아스텍이라는 나라가 흔적도 없이 사라진 건 이상한 종교를 믿었기 때문이래요."

민국이가 아는 척을 했어요.

"우리 부족이 흔적도 없이 사라진다고? 정말 그 예언이 맞았구나!"

---

01) 제사 지낼 때 바치는 물건이나 짐승.

카파크가 자기도 모르게 몸을 떨었어요.

"예언은 또 뭐예요?"

"우리 부족에게는 아주 오래전부터 내려오는 예언이 있었어. 사악한 신을 모시게 되면 부족이 망한다는 예언이었지. 그래서 부족의 지도자들은 좋은 신을 모셔 오기 위해 애를 썼어. 하지만 뱀신을 믿는 사악한 마녀의 꼬임에 빠져 모두 죽고 말았지."

카파크가 벽에 걸린 초상화들을 힐끔 쳐다보았어요. 초상화 속의 인물은 부드러운 미소를 짓고 있었어요.

"우리 아버지와 어머니, 형과 동생들도 모두 제물로 바쳐졌어. 사악한 마녀는 걸핏하면 사람을 제물로 바쳤지. 비가 안 오면 비를 내리게 해 달라고, 농사를 짓기 전에는 풍년이 들게 해 달라고 온갖 이유를 들어 제물을 바쳤지."

어느새 카파크의 두 눈에는 눈물이 그렁거렸어요. 카파크의 눈물에 갑자기 분위기가 숙연해지자, 민국이가 괜히 뒤통수를 긁적이며 중얼거렸어요.

"세상에 좋은 종교가 얼마나 많은데 하필 이상한 종교를 믿어가지고."

"좋은 종교? 세상에서 가장 좋은 종교는 뭐니?"

카파크가 눈을 반짝이며 물었어요.

"가장 좋은 종교가 무엇인지는 저도 잘 몰라요. 세상에는 많은 종교가 있지만 저는 종교를 믿어 본 적이 없어서."

민국이가 기어들어가는 목소리로 말했어요.

"이 세상에는 어떤 종교들이 있니?"

카파크가 다정하게 물었어요.

"기독교와 불교, 이슬람교, 힌두교 등이 있어요. 책에서 봤는데 종교는 겉모습이나 믿는 신의 모습은 모두 다르지만, 사람들에게 좋은 가르침을 알려주고 있대요. 기독교는 '사랑'을, 불교는 '자비'의 실천을 가르친다고 들었어요."

대한이의 설명을 들으며 카파크가 부러운 표정을 지었어요.

"너희들이 믿는 종교는 참 좋은 종교 같구나. 부럽다! 우리 부족도 그런 좋은 종교를 믿으면 좋을 텐데."

카파크가 허공을 바라보았어요.

"그럼 그런 종교를 사람들에게 알려주면 되잖아요."

"맞아요! 좋은 종교에 대해 알려주면 이상한 뱀신을 안 믿고 예수나 부처를 믿을 거예요."

민국이가 맞장구를 쳤어요.

"그거 아주 좋은 생각이구나! 그럼 너희들 내게 기독교나 불교가 어떤 종교인지 알려줄 수 있니?"

카파크가 대한이와 민국이 앞에 다가앉으며 물었어요.

"우리도 자세히는 잘 몰라요."

대한이가 난감한 표정을 지었어요.

"형도 몰라? 형은 책을 엄청 많이 읽었잖아!"

민국이가 물었어요.

"나도 잘은 몰라. 기독교 하면 십자가가 생각나고, 불교 하면 부처님 가슴에 새겨진 만(卍)자가 생각나는 정도?"

대한이가 머리를 긁적였어요.

"만자라고? 아, 이런 글자? 나도 본 적 있는 것 같아!"

민국이가 허공에 만자를 쓰며 아는 척을 했어요. 대한이와 민국이의 대화를 다 들은 카파크가 입을 열었어요.

"너희들이 잘 모른다고 하니 할 수 없지! 내가 직접 세상의 종교들을 알아봐야겠다."

"아저씨, 여긴 고대 아스텍이라면서요! 기독교와 불교는 아직 생기지도 않았을 때라고요."

대한이가 말했어요.

"걱정 마! 내게는 이게 있잖아."

카파크가 태양의 돌을 쓰다듬으며 말했어요.

"여기에 그림을 그려 넣으면 그 시대로 여행을 갈 수 있단다."

"진짜요? 그럼 우리나라로 갈 수도 있는 거 아니에요?"

민국이가 물었어요.

"그건 안 된다고 좀 전에 말했잖아! 태양의 돌이 한 바퀴를 돌아야 너희 집으로 갈 수 있어."

"에휴!"

대한이와 민국이가 동시에 한숨을 쉬었어요.

"그래서 말인데, 이 태양의 돌이 한 바퀴 돌 동안 아저씨와 종교 여행을 떠나는 게 어떻겠니? 아저씨는 이 세상에 어떤 종교가 있는지 모르니까 너희가 조금만 도와주면 좋겠는데."

카파크가 대한이와 민국이의 얼굴을 번갈아 보았어요.

"형, 어떻게 하지?"

민국이가 대한이의 얼굴을 바라보았어요.

"어차피 지금 우리는 집에 갈 수가 없잖아. 아저씨 말대로 종교 여행을 떠나 보자."

대한이의 말에 민국이가 고개를 끄덕였어요.

"아저씨, 어떻게 하면 돼요?"

"여기 태양의 돌 가운데에 가고 싶은 곳을 상징하는 그림을 그려 넣어야 해."

카파크의 말이 끝나자, 대한이가 십자가를 그려 넣었어요. 하지만 어쩐 일인지 아무 일도 일어나지 않았지요.

"에잇, 아무 일도 안 일어나잖아요!"

민국이가 입을 삐죽이며 카파크를 쳐다보았어요.

"태양의 돌이 십자가를 찾지 못하는 모양이야. 다른 걸 그려 볼래?"

"네!"

이번에는 대한이가 십자가 양 끝에 선을 그려 넣어 만자로 만들었어요. 하지만 이번에도 아무 일도 일어나지 않았어요.

"이리 줘 봐!"

민국이가 대한이를 밀쳐내고 태양의 돌 앞에 앉았어요. 그러고는 초승달을 그리다가 지운 뒤, 삼각형을 그리고 그 위에 역삼각형을 그렸지요. 그러자 별 모양이 나타났어요.

"별은 왜?"

"예수의 나라가 이스라엘이잖아! 이스라엘 국기에 별이 그려진 거 못 봤어? 그래서 한 번 그려봤지."

"오!"

대한이가 엄지손가락을 치켜들었어요.

그런데 바로 그때였어요. 태양의 돌에서 갑자기 환한 빛이 나오더니 주변의 땅바닥이 쩍 갈라지기 시작했어요.

"애들아, 시작됐어! 내 손을 잡아!"

카파크가 소리쳤어요.

대한이와 민국이는 카파크의 손을 덥석 잡았어요. 그 순간 하늘에서 번개가 번쩍하더니, 세 사람은 어디론가 빨려 들어가 버렸어요.

종교의 기원과 다양한 신전들

선사시대 사람들은 그들이 살고 있는 세계를 자연을 지배하는 위대한 신이 만들었다고 생각했어요. 그래서 신을 즐겁게 하기 위해, 또는 신의 노여움을 풀기 위해 기도를 드렸지요. 이렇게 모여 신에게 기도를 드리고 제물을 바치면서 종교에 대한 믿음이 싹트기 시작했어요.

프랑스의 고대 고인돌

유럽 전역에는 커다란 돌로 만든 고인돌이 많이 세워져 있어요. 큰 돌 위에 납작한 돌을 세운 고인돌은 종교적인 이유에서 세워졌을 거라고 추정하고 있어요. 세워진 연대는 지역에 따라 차이가 있는데, 유럽과 아프리카는 기원전 5000년~기원전 4000년, 동아시아는 기원전 2500년~기원전 수백 년 전후로 추정되고 있어요. 우리나라도 서해 및 남해의 연안지역과 큰 하천을 중심으로 고인돌이 약 4만 개가 분포해 있는 것으로 알려져 있어요. 이는 세계 고인돌의 절반 이상에 해당되는 수치로, 고인돌 규모가 크고 구조도 다양하답니다.

라스코 동굴벽화

프랑스 남서부의 라스코 동굴에는 매머드와 들소, 황소 등 600여 가지 동물 그림이 가득 그려져 있어요. 전문가들은 선사시대 사람들이 동물을 지배하는 영적인 힘을 얻어서 사냥에 성공하려고 동물 그림을 그렸을 거라고 추정하고 있어요.

그리스 신전
고대 그리스인들은 땅에서 일어나는 모든 일들은 올림푸스 신들의 지배를 받는다고 생각했어요. 그래서 자신들이 믿는 신을 위해 신전을 지었지요.

우르의 지구라트
고대 메소포타미아 사람들은 신을 경배하는 방법으로 거대한 계단 모양의 탑을 세웠는데, 꼭대기에는 사제들이 신에게 제물을 바치는 신전이 있었어요.

그리스

이라크

이집트

이집트 피라미드
고대 이집트 사람들은 사후세계가 있다고 믿었어요. 그래서 다음 세상에서 잘살기 위해 죽은 사람의 몸이 썩지 않도록 미라로 만든 뒤 피라미드 안에 보존했답니다.

토론왕 되기!

선사시대 사람들은 왜
태양이나 동물을 신으로 섬겼을까?

선사시대 사람들은 자연의 힘을 가장 두려워했어요. 그리고 그들이 살고 있는 세계를 자연을 지배하는 신들이 만들어냈다고 생각했어요.

먼 옛날에는 과학이 발달하지 않았어요. 당시 사람들은 날씨와 계절이 바뀌고 태양과 달이 움직이는 것과 같은 자연현상이 모두 신과 연관되어 있다고 여겼지요. 이런 현상은 옛날로 거슬러 올라갈수록 더 심했어요. 그래서 모든 자연현상이 두려움의 대상이었지요. 천둥이 치면 신이 화를 내는 것이라 생각했고, 폭풍이 몰려와 사람들의 보금자리를 다 쓸어가 버리면 신이 인간에게 벌을 준다고 생각했어요.

사람들은 사람뿐만 아니라 커다란 나무와 돌, 그리고 동물에게도 영혼이 있다고 믿었어요. 맹수들의 공격이나 질병, 죽음도 사람들이 가장 두려워하는 것이었지요. 이런 두려움 때문에 사람들은 인간보다 강한 힘을 지닌 동물이나 태양뿐 아니라 커다란 나무나 바위 같은 사물까지 신으로 섬겼고, 인간들이 겪는 온갖 어려움을 이겨내기 위해 동물이나 자연현상에게 자신을 지켜달라고 빌었어요.

특히 농사를 지으며 살아가던 사람들에게 자연현상은 절대적인 신이었어요. 비와 태양 등 자연현상에 따라 곡식이 잘 자라기도 하고 흉년이 들기도 했어요. 사람들은 신의 뜻에 따라 풍년이 들기도 하고 흉년이 들기도 한다고 생각했지요. 그래서 풍년이 들면 곡식을 자라게 해 주는 태양과 비 같은 자연현상에게 감사의 기도를 올렸고, 흉년이 들면 신의 노여움을 달래기 위해 제물을 바쳤어요. 이렇게 여러 부족이 함께 모여 신에게 제물을 바치고 기도를 드리면서 종교적인 믿음을 가지게 되었고 이때부터 자연스럽게 종교가 생겨나게 되었지요. 인류의 발달과 함께 종교는 다양한 형태로 변해 갔답니다.

아스텍 사람들이 피의 의식을 치르는 모습을 그린 그림

아스텍 신화에서 '깃털 달린 뱀'으로 묘사된 뱀신 케찰코아틀

아스텍 신화에 나오는 예술과 청춘의 신 소치필리

퀴즈!

오답을 찾아라!

대한이가 종교 퀴즈를 내고 있어요. 본문을 꼼꼼히 읽은 뒤, 잘못된 대답을 골라 고쳐 봅시다.

① 옛날 사람들은 종교를 믿지 않았어요.
② 아스텍 사람들은 태양신에게 제물을 바쳤어요.
③ 종교란 어떤 신을 찬양하고 믿는 거예요.
④ 불교에서는 예수를 믿어요.
⑤ 기독교에서는 석가모니를 믿어요.

정답
① × 옛날 사람들도 종교를 믿었어요.
② ○
③ ○
④ × 불교에서는 석가모니를 믿어요.
⑤ × 기독교에서는 예수를 믿어요.

2장

십자군 전쟁은 왜 일어났을까?

기독교

십자군 군사를 만나다

"아, 눈부셔!"

대한이와 민국이가 눈을 질끈 감았어요. 잠시 후, 졸졸졸 물 흐르는 소리가 들려왔어요. 대한이와 민국이는 동시에 눈을 떴어요.

"애들아, 내 손을 잡고 일어나렴."

대한이와 민국이는 카파크가 내미는 손을 덥석 잡았어요.

"여긴 어디예요?"

"숲속 같아."

카파크가 사방을 둘러보며 대답했어요. 저벅 저벅 저벅, 근처에서 요란한 발소리가 들려왔어요.

"누구지?"

민국이가 고개를 쑥 내밀자, 카파크가 재빨리 대한이와 민국이를 수풀 속으로 데려갔어요. 잠시 후, 똑같은 모양의 옷을 입은 남자들이 걸어왔어요.

"저 사람들 좀 봐! 옷이랑 손에 든 방패에 십자가가 엄청 많이 그려져 있어."

민국이가 가만히 속삭였어요.

"저게 십자가니?"

카파크가 방패에 그려진 십자가 모양을 가리키며 물었어요. 대한이와 민국이는 동시에 고개를 끄덕였지요. 세 사람은 숨을 죽인 채 남자들이 다 지나가기를 기다렸어요.

"저 사람들 뭐지? 전쟁이라도 났나?"

민국이가 고개를 갸웃거리며 중얼거렸어요.

"옷차림을 보니 십자군 전쟁에 참여한 십자군 군사들 같아."

"십자군 전쟁? 형, 그런 전쟁도 있었어?"

"십자군 전쟁은 기독교도들이 이슬람교도들로부터 예루살렘을 되찾기 위해 벌인 전쟁이야."

대한이의 말에 카파크가 고개를 갸웃거리며 입을 열었어요.

"예루살렘이란 곳이 아주 대단한 곳인가 보구나?"

"예루살렘은 세계 3대 종교인 기독교와 이슬람교, 유대교의 성지[01]가 함께 모여 있는 곳이에요."

"오! 그렇다면 어서 기독교에 대해 알아보러 가자!"

"네!"

세 사람은 수풀 속에서 나와 오솔길을 걸었어요. 그런데 그때, 나무 뒤에서 십자군 군사 수십 명이 불쑥 튀어나오더니 세 사람을 에워쌌어요.

"멈춰라!"

대한이와 민국이는 놀라 주저앉았어요.

"너희들 뭐 하는 놈들이냐? 이슬람교의 첩자냐?"

군사 한 명이 큰 소리로 묻자 카파크가 재빨리 앞으로 나섰어요.

"우린 당신들의 적이 아니에요! 기독교라는 종교에 대해 알고 싶어서 온 사람들이랍니다."

"기독교에 대해 알아서 뭐하려고?"

군사가 퉁명스럽게 물었어요.

"우리 부족에게 기독교라는 좋은 종교에 대해 알려주려고 합니다. 믿기 힘들겠지만 우리 부족은 뱀을 믿고 있거든요."

카파크의 대답에 군사들이 웅성거렸어요.

"요즘에도 그런 걸 믿는 사람들이 있나?"

"그러게. 미개인들인가?"

그때 대장으로 보이는 남자가 말을 타고 세 사람 앞으로 다가왔어요.

---

01) 특정 종교에서 신성시하는 장소. 종교의 발상지나 순교가 있었던 지역.

"기독교에 대해 무얼 알고 싶은 것이냐?"

"기독교는 어떤 종교인지, 예수는 어떤 사람인지 알고 싶어요."

카파크의 말에 십자군 대장이 누군가를 불렀어요.

"피에르! 네가 이 사람들에게 기독교가 무엇인지 잘 알려주도록 해라! 우리 기독교인에게는 예루살렘을 되찾는 일도 중요하지만, 기독교를 널리 알리는 것도 중요한 일이니 말이다."

 대한이의 종교노트 십자군 전쟁은 왜 일어났을까?

십자군 전쟁은 1096년부터 1272년까지 기독교를 믿는 유럽 나라들과 이슬람교를 믿는 서아시아 나라들 사이에 벌어진 전쟁이에요. 예루살렘은 기독교를 믿는 사람들의 성지였는데, 예루살렘을 차지한 이슬람교도들이 기독교인들의 성지순례를 방해했어요. 그러자 기독교인들은 이슬람교도와 싸워 예루살렘을 되찾기 위해 전쟁을 시작했지요. 군사들은 기독교를 상징하는 십자가를 새긴 갑옷을 입었다고 해서 십자군이라 불렸어요. 1차 십자군은 예루살렘을 점령했지만 곧 빼앗기고 말았어요. 그 뒤 8차례나 십자군 원정이 계속되었지만, 전쟁은 패배로 끝나고 말았답니다.

제1차 십자군 원정을 그린 그림

십자군 지도

대장의 말에 피에르가 앞으로 나섰어요.

"기독교는 하느님의 아들인 예수를 믿고 따르는 종교예요. 기독교에서는 세상을 창조한 유일한 신은 하느님이라고 믿고, 예수의 가르침인 사랑을 실천할 것을 강조하고 있답니다."

피에르의 설명은 계속되었어요.

"예수는 힘없고 가난한 백성들에게 희망을 주기 위해 하느님의 말씀을 전했어요. 하느님은 잘못한 사람을 벌하는 분이 아니라 잘못한 사람을 용서하고 누구나 사랑해 주시는 분이며, 하느님을 믿는 사람들도 서로를 용서하고 사랑해야 한다고 가르쳤지요."

피에르의 설명에 카파크의 눈이 반짝거리기 시작했어요.

"사랑이라, 정말 좋은 말이네요. 혹시 더 많은 가르침을 배울 수는 없을까요?"

"성경을 보십시오. 구약과 신약, 그중에서도 신약성경은 기독교 신자들이 따라야 할 예수의 가르침을 모아 놓은 경전02이랍니다."

"성경을 어디서 구할 수 있나요?"

"수도원으로 가 보세요. 성경은 성직자03들이 필기해서 만들거든요."

피에르의 말이 끝날 무렵, 태양의 돌이 요란하게 깜박이기 시작했어요.

"아저씨, 태양의 돌이 깜박여요!"

대한이가 카파크의 귀에 대고 속삭였어요.

"혹시 수도원이 어디에 있는지 아시나요?"

---

02) 종교의 가르침을 모아 적어 놓은 책.
03) 종교적 직분을 맡은 교역자. 신부, 목사 등을 일컬어요.

"저기 산길을 올라가면 나올 거예요."

"감사합니다."

피에르는 급하게 인사를 하고는 쌍둥이의 손을 잡았어요.

"어서 가자!"

대한이와 민국이는 카파크의 손에 이끌려 산길을 올라갔어요.

"에잇, 무슨 길이 이렇게 좁아요?"

민국이가 길을 걸으며 구시렁거렸어요.

성경을 찾아라!

 잠시 후, 세 사람의 눈앞에는 고고한 모습의 수도원이 나타났어요. 초록색 나무들 사이로 삐죽 솟아나온 고풍스러운 수도원의 모습이 한없이 신비로운 느낌을 주고 있었어요.
"우와!"
 대한이와 민국이는 입을 쩍 벌린 채 수도원을 바라보았어요.
"이런 곳에 어떻게 건물을 만들었지? 정말 대단하다!"
 카파크도 놀라운 듯 주변을 두리번거렸어요. 수도원의 문은 굳게 잠겨 있었어요.
"계십니까?"
 카파크가 수도원의 문을 두드렸어요. 바로 그때였어요. 한 꼬마가 문을 열고 고개만 빠끔히 내밀었어요.
"누구세요?"
"수도사님을 만나러 왔단다."
 카파크의 말에 꼬마가 밖으로 나왔어요.

"수도사님은 지금 부활절 행사 준비하러 가셨어요."
"다른 어른들은 안 계시니?"

"네! 모두 부활절 행사 때문에 나가셨어요."

꼬마가 고개를 살래살래 흔들었어요. 카파크와 대한이, 민국이는 수도원 문 앞에 앉아 수도사를 기다리기로 했어요. 꼬마가 커다란 눈을 뎅글뎅글 굴리며 카파크와 쌍둥이를 번갈아 바라보았어요.

"이거 너 먹을래? 진짜 맛있는 사탕이야."

민국이는 사탕 하나를 꼬마에게 주었어요. 그리고 똑같은 사탕을 까서 자기 입에 넣었어요. 민국이의 모습을 본 꼬마가 사탕을 입에 넣었어요.

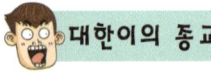 **기독교는 언제 시작되었을까?**

기독교는 약 2000년에 달하는 오랜 역사를 가진 종교로, 예수가 탄생하면서 시작되었어요.
현재 기독교는 로마 가톨릭교회와 동방 정교회, 그리고 개신교 등으로 구분돼요. 기독교는 성경을 경전으로 삼고 있어요. 성경은 예수의 탄생을 기점으로 예수가 하느님의 말씀을 설파하는 기록을 담은 신약성경과, 예수가 태어나기 이전 유대민족과 하느님의 계시 등이 적혀 있는 구약성경으로 구분된답니다.
오늘날 성경은 2000개가 넘는 언어로 번역되어 전 세계 사람들에게 읽히고 있어요.

 대한이의 종교노트 기독교의 가장 큰 기념일은 언제일까?

예수의 부활을 기념해 부활절에 나누어 주는 달걀

기독교에서는 예수가 태어난 날과 부활한 날을 기념해 축하 행사를 열어요. 12월 25일 크리스마스는 예수가 태어난 날이고, 부활절은 십자가에 매달려 돌아가신 예수가 다시 살아난 것을 기념하는 날이에요. 이외에도 예수가 다시 살아나 하늘로 올라가기까지의 40일을 기리는 사순절과 성 금요일 등의 기념일이 있어요. 사람들은 보통 크리스마스가 기독교의 가장 큰 기념일이라고 생각하지만, 사실은 부활절이 기독교의 가장 큰 기념일이랍니다.

사탕을 먹고 표정이 환해진 꼬마는 뭔가 생각난 듯 수도원 안으로 달려갔어요. 그러고는 다시 밖으로 나오더니 민국이에게 뭔가를 건넸어요. 예쁜 그림이 그려져 있는 달걀이었어요.

"형, 이거 먹어."

"이게 뭐야?"

"부활절 달걀이야."

꼬마의 말에 대한이가 다가와 계란을 들여다보았어요.

"진짜 예쁘게 생겼다. 이렇게 예쁜 걸 어떻게 먹어?"

"얼른 먹어!"

바로 그때였어요. 뒤에서 걸걸한 목소리가 들려왔어요.

"도르!"

수도사 차림의 남자였어요.

"삼촌!"

꼬마가 남자에게 가서 안겼어요. 수도사는 카파크와 쌍둥이에게 시선을 고정시킨 채 꼬마를 번쩍 안았어요.

"무슨 일이시오?"

수도사는 의심스러운 눈초리로 세 사람을 번갈아 보았어요.

"성경책을 구하고 싶어서 왔습니다."

카파크는 자신의 부족이 뱀신 때문에 희생당한 이야기를 들려주며, 기독교를 자기 부족에게 알려주고 싶다고 말했어요. 카파크의 말에 감동했는지, 수도사의 눈시울이 촉촉해졌지요.

"좋소! 그런 좋은 일에 쓰려는 것인데 아무리 비싼 성경책이라도 드려야지요."

수도사가 품속에서 성경책을 꺼냈어요.

"이 성경책은 우리 수도원의 수도사들이 몇 날 며칠을 밤새워 베낀 것이라오. 부디 좋은 일에 쓰시기를 빌겠소."

"감사합니다. 우리 부족에게는 가장 큰 선물이 될 것입니다."

카파크가 넙죽 절을 했어요. 그러고는 조심스럽게 성경책을 펼쳐들어 책장을 넘겼어요.

"우와, 책이 정말 예뻐요."

대한이가 책을 들여다보며 소리쳤어요.

"글자가 그림 같아요."

대한이가 눈을 동그랗게 뜨며 말했어요.

"한 글자 한 글자 정성스럽게 베껴서 만든 책이라 그래."

카파크가 말했어요.

"이 두꺼운 책을 베꼈다고? 인쇄된 걸 사면 편할 텐데."

민국이가 중얼거렸어요.

"여기는 중세시대라서 아직 인쇄술04)이 발달하지 않았어. 중세시대의 수도사들은 지금 우리가 읽고 있는 성경과 서양의 고전들을 손으로 일일이 베껴 썼다고 들었어."

대한이가 민국이의 귀에 소곤거렸어요. 대한이의 말에 민국이가 뭔가 생각난 듯 카파크를 불렀어요.

"아저씨, 성경책에 쓰인 글자 읽으실 수 있어요? 모두 꼬부랑글씨인데."

"걱정 마라! 우리에게는 태양의 돌이 있잖아. 성경책을 태양의 돌에 봉인하면 우리 아스텍 말로 바꿔 준단다."

"진짜요? 태양의 돌이 번역05)도 한다는 말인가요?"

"그래! 태양의 돌만 있으면 어느 나라 말이든지 알아들을 수가 있어. 너희들과 내가 대화를 할 수 있는 것도 모두 태양의 돌 덕분이지. 이게

---

04) 문자·그림·사진 등을 종이에 일정한 방법으로 옮겨 찍어서 만드는 기술.
05) 어떤 언어로 된 글을 다른 언어의 글로 옮기는 것.

없다면 우리는 언어가 다르기 때문에 한 마디도 알아듣지 못할 거야."

카파크가 이렇게 말하며 로마자로 쓰인 성경책을 태양의 돌 위에 얹었어요. 그러자 태양의 돌에서 환한 빛이 새어나오더니 성경책을 빨아들였어요. 곧바로 태양의 돌 안에 있는 네모난 칸에서 성경책이 반짝였지요. 그리고 다음 순간, 빛이 회오리바람처럼 세 사람을 감쌌어요.

"어서 내 손을 잡아!"

카파크가 소리쳤어요.

 대한이의 종교노트 천주교와 개신교는 원래 같은 종교였다?

천주교는 교황을 중심으로 예수의 가르침을 따르는 종교로 영어로는 가톨릭이라고 해요. 천주교와 개신교는 원래 하나의 종교였어요. 하지만 종교개혁으로 둘로 나뉜 뒤 천주교는 교황을 중심으로 전통을 지켜오고 있고 개신교는 여러 교파로 나뉘어 수많은 교회를 세웠어요.

개신교에서는 예배를 드리는 장소를 교회라고 해요. 하지만 천주교에서는 예배드리는 장소를 성당이라고 하고 예배도 미사라고 하지요. 천주교에서는 미사를 드리기 전에 몸과 마음을 깨끗하게 한다는 의미로 성수를 손에 바른 뒤 성호를 긋는답니다. 성호는 손가락으로 이마와 가슴, 왼쪽 어깨와 오른쪽 어깨 순서로 십자가를 그리는 것을 말해요.

천주교 주일미사

명동성당

기독교의 역사

기독교는 세상을 창조한 유일한 신은 하느님이라고 믿고 하느님의 사랑을 세상에 전파하는 종교예요. 약 2000년에 달하는 오랜 역사를 가진 종교지요. 전 세계 인구의 5억 명 정도가 기독교를 믿을 정도로 세계의 종교 중 가장 많은 신자를 가지고 있답니다.

기원전 7년경
예수 그리스도 탄생

30년경
예수, 십자가에서 돌아가신 지 3일 만에 부활

예수의 고난과 승천

64년경
로마 대화재, 이 무렵 베드로와 바울 순교

기독교도를 화형시키는 네로 황제(왼쪽), 감옥에 갇힌 베드로와 바울(오른쪽)

70년경
예루살렘 멸망

250년경
데키우스 황제, 황제 숭배 강요해 기독교도를 전국적으로 박해

데키우스 황제 동상

313년
콘스탄티누스 황제 회심, 〈밀라노 칙령〉으로 기독교를 승인

콘스탄티누스 황제 동상

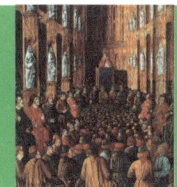

1096~1099년
제1차 십자군 원정

십자군 원정을 호소하는 교황 우르바노 2세

1517년
마르틴 루터의 95개조 반박문, 종교개혁 시작

마르틴 루터

1147~1149년
제2차 십자군 원정

예루살렘 전투

1533년

장 칼뱅, 로마 가톨릭 신도를 포기하고 새로운 방식의 신앙체계 확립

장 칼뱅

1189~1192년
제3차 십자군 원정

십자군 전쟁 당시 TO 지도

1618~1648년
신성 로마 제국을 중심으로 개신교와 로마 가톨릭 간의 30년 전쟁이 벌어짐

1582년
아시아 선교 시작. 마테오 리치가 마카오에 도착하여 명나라에 대한 포교 시작

마테오 리치(왼쪽),
마테오 리치가 그린 곤여만국지도(오른쪽)

1309~1377년
교황청, 프랑스의 아비뇽으로 옮김 (아비뇽의 유수)

아비뇽 교황청

16세기 이후
유럽에서 새로운 신학을 내세운 교파들이 출현

19세기 이후
개신교, 한국을 비롯한 세계 각국에 선교사 파견

1970년대 이후
현대의 기독교 근본주의(성경을 문자적으로 해석)가 형성됨

토론왕 되기!

루터의 종교개혁 운동은 왜 일어났을까?

종교개혁은 16~17세기 유럽에서 로마 가톨릭 교회의 쇄신을 요구하며 등장했던 개혁 운동이에요.

14~16세기경 중세 유럽에서는 교황의 권력이 국왕보다 강했어요. 하지만 예루살렘을 탈환하기 위해 시작된 십자군 원정이 실패로 끝나면서 교회와 교황의 힘은 약해졌고, 점차 교회가 세속화되었어요. 교황 레오 10세는 죄를 지은 자는 지옥에 가지만, 면죄부를 사면 천당에 갈 수 있다고 사람들을 꼬였어요.

이때 교회의 타락을 반대하며 교회의 전반적인 개혁을 주장한 사람이 있었어요. 바로 독일의 신학교수인 마르틴 루터였지요. 루터는 1517년 면죄부 판매를 반대하며 교회의 올바른 운영을 요구하는 '95개조 반박문'을 발표하고, 교황의 권위에 맞섰어요. 독일 국민들은 루터가 타락한 종교를 반대하는 것에 찬성하며 루터를

마르틴 루터

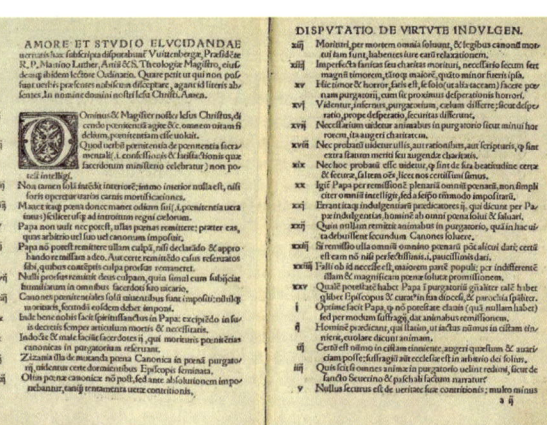

95개조 반박문

지지하고 나섰어요. 결국 1555년 교황의 권위를 부정하고 성서 중심의 신앙을 주장하는 루터파 교회가 공인되었지요.

교황청은 루터를 파문했지만 루터의 종교개혁은 온 유럽에 들불처럼 퍼져 나갔어요. 독일, 스위스, 프랑스, 네덜란드, 포르투갈 등 많은 나라에서 신교와 구교로 나뉘어 서로 다른 신앙을 전파했어요. 깜짝 놀란 교회는 면죄부를 없애고 타락한 성직자를 추방했지만 가톨릭 교회는 분열되었고 이후 세계에 수많은 종파가 탄생하게 되었답니다.

1500년대 면죄부 판매를 묘사한 독일 화가 얀 브뢰겔 데 엘더(1568~1625)의 목판화

퀴즈!

미로 통과하기!

교회에 가다가 그만 길을 잃어버렸지 뭐예요? 미로를 따라가며 기독교와 관련된 퀴즈를 풀어 봅시다. 맞는 방법이면 'ㅇ' 쪽으로 이동하고, 틀린 방법이면 'ㄨ' 쪽으로 가다 보면 교회를 찾을 수 있을 거예요.

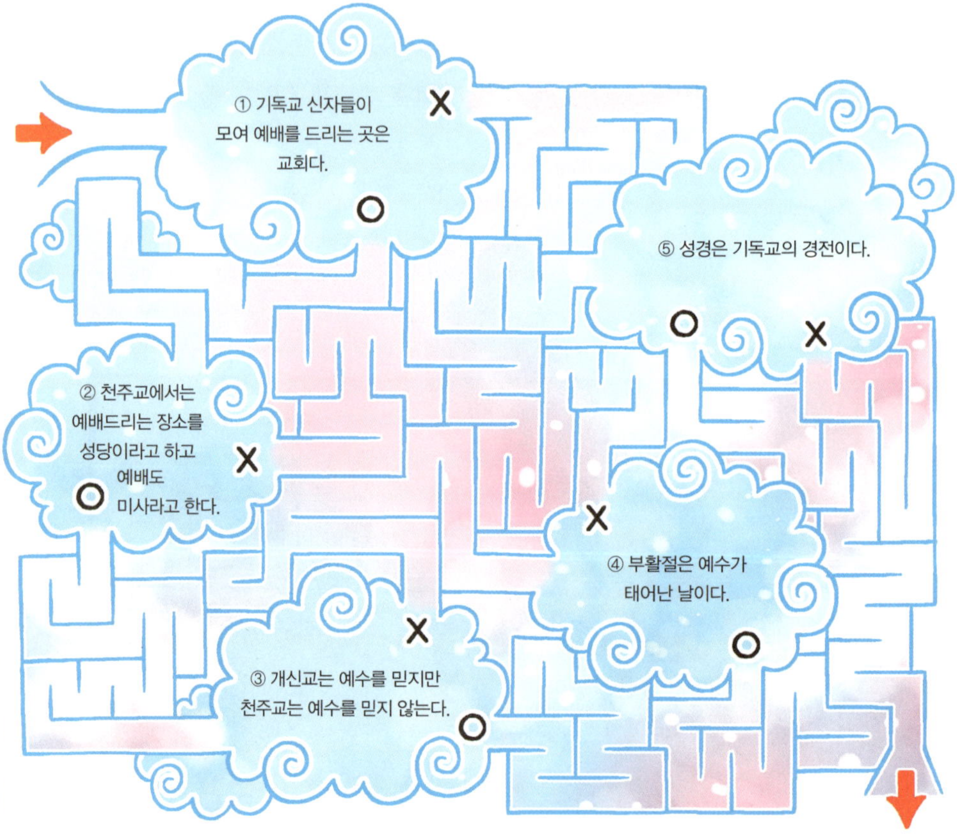

① 기독교 신자들이 모여 예배를 드리는 곳은 교회다.

② 천주교에서는 예배드리는 장소를 성당이라고 하고 예배도 미사라고 한다.

③ 개신교는 예수를 믿지만 천주교는 예수를 믿지 않는다.

④ 부활절은 예수가 태어난 날이다.

⑤ 성경은 기독교의 경전이다.

① ㅇ ② ㅇ ③ ㄨ 개신교와 천주교 모두 예수를 믿는다.
④ ㄨ 부활절은 예수의 부활을 기념하는 축일이다. ⑤ ㅇ

3장

불교의
생명 존중 사상

살아 있는 것은 아무것도 죽이지 마라!

얼마나 지났을까요? 빛이 사라진 걸 느낀 세 사람은 슬며시 눈을 떴어요. 주변은 온통 하늘 높이 솟아 있는 나무들로 빼곡히 차 있었어요. 축축하고 음습한 기운이 느껴졌지요.
"아저씨, 여긴 또 어딜까요?"
대한이가 소리쳤어요.
"정글 안에 와 있는 거 같구나."
"으스스한 게 뭔가 툭 하고 튀어나올 것만 같아요. 아저씨, 빨리 가요."
"그래! 일단 여기에서 나가는 게 좋겠다."
카파크가 기다란 칼로 나뭇가지들을 쳐 가며 길을 만들었어요. 그렇게 10여 분을 앞서 가던 카파크가 갑자기 걸음을 멈췄어요.
"아저씨, 왜 그러세요?"
"쉿!"
카파크는 대답 대신 아이들에게 조용히 하라는 시늉을 했어요.
"쉭, 쉬이익!"
기분 나쁜 소리와 함께 뭔가가 미끄러지듯 주변을 기어 다니는 것 같았어요. 그때 뱀이 모습을 드러냈어요. 뱀은 세 사람이 있는 곳으로 슬금슬금 다가왔어요.
"배, 뱀이에요!"

세 사람은 순식간에 얼음이 되었어요.

"아저씨, 어떻게 좀 해 보세요."

대한이가 말했어요. 하지만 카파크는 이미 새하얗게 질려 있었어요. 그러자 민국이가 카파크의 손에서 긴 칼을 뺏어 들었어요.

"뭐하려고?"

 대한이의 종교노트 불교는 언제 시작되었을까?

불교는 지금으로부터 약 2500년 전, 인도에서 석가모니에 의해 시작되었어요. 당시 인도는 빈부의 차이도 크고, 카스트 제도에 따라 신분 차별이 엄격했지요.
인도의 왕자로 태어나 풍요롭게 생활하던 고타마 싯다르타는 어느 날 궁궐 밖에서 죽거나 다친 사람들을 보고 큰 충격에 빠졌어요. 그 뒤 고통을 피하고 평화롭게 살 수 있는 방법을 찾기 위해 수행을 하게 되었는데, 보리수나무 아래에서 49일 동안 명상을 한 끝에 '진리를 깨달은 자' 곧 부처가 되었지요. 그 뒤 싯다르타는 '석가 족의 존경받는 사람'인 석가모니가 되어 수많은 제자들에게 가르침을 주었고, 그렇게 불교가 시작되었답니다.

석가모니불

고뇌하는 싯다르타 왕자를 표현한 반가사유상: 삼국 시대 제작

불교의 생명 존중 사상 | 61

대한이의 말이 끝나자마자, 퍽 하는 소리와 함께 뱀이 저 멀리 나가 떨어졌어요. 누군가 숲속에서 뱀을 공격한 것 같았어요.
 "허허! 뱀도 생명체인데 죽여서야 되겠니?"
 낮고 굵은 목소리가 들리더니, 지팡이를 든 남자가 저벅저벅 걸어와 세 사람 앞에 섰어요.
 "뱀은 아저씨가 죽였잖아요!"
 민국이가 말했어요.
 "난 안 죽였다. 너, 방금 그 칼로 뱀을 공격하려고 했잖아."
 "그, 그건!"
 민국이가 더듬거리자 남자는 긴 막대기로 뱀을 들어 올리더니 쌍둥이 앞에 쑥 내밀었어요. 순간, 뱀이 움찔거리며 몸부림을 쳤어요.
 "으악!"
 대한이와 민국이가 소리를 꽥 질렀어요.
 "놀라긴."
 남자는 막대기에 걸린 뱀을 바닥에 내려놓았어요. 그러자 뱀은 그대로 숲속으로 사라지고 말았어요.
 "살아 있는 것은 절대 죽이면 안 돼."
 "뱀도요? 뱀이 사람을 해칠 수도 있잖아요."
 "그래도 안 돼!"
 남자의 말에 카파크가 정신을 차린 듯 목청을 가다듬었어요.

"혹시 당신도 뱀신을 믿나요?"

카파크의 말에 남자가 카파크 쪽으로 돌아섰어요.

"나는 부처를 믿는 불교 신자요!"

불교라는 말에 대한이가 카파크를 바라보았어요.

"왜 여기로 왔는지 알겠네요."

"그림판에 만자를 써 넣어서 여기로 오게 되었나 봐."

민국이가 중얼거렸어요.

그때 쌍둥이의 뱃속에서 동시에 꼬르륵 소리가 들렸어요.

"너희들, 배가 고픈 모양이구나. 뭐라도 잡아서 좀 먹어야겠다."

카파크가 말했어요. 그러자 남자가 깜짝 놀란 얼굴로 말했어요.

"이곳에서는 아무리 배가 고파도 사냥을 해서는 안 돼요."

"네? 사냥을 하지 말라고요?"

카파크가 물었어요.

"아소카 왕[01]의 명령입니다. 살아 있는 것은 아무것도 죽이지 마라! 사냥한 걸 들켰다가는 군사들에게 끌려가 볼기짝을 맞게 될 거요."

남자가 걱정스러운 투로 말했어요.

"저기, 방금 뭐라고 하셨죠? 살아 있는 것은 아무것도 죽이지 말라고 하셨나요?"

카파크가 소리쳤어요.

"네. 제가 한 말이 아니라 석가모니의 가르침이랍니다."

남자가 이렇게 말하며 등을 돌렸어요.

"그래! 바로 그거야! 살아 있는 것을 죽이지 않는다면 우리 부족의 불행도 사라질 거야."

---

01) 인도의 가장 위대한 지도자 중 한 사람으로 마우리아 왕조의 제3대 왕이에요.

 대한이의 종교노트　　대승불교와 소승불교

불교는 대승불교와 소승불교로 나뉘어요. 대승은 큰 수레라는 뜻이고, 소승은 작은 수레라는 뜻이에요. 그래서 대승불교는 중생(많은 세상 사람들)이 깨달음을 얻는 것을 중요하게 생각하고, 소승불교는 자기 자신의 깨달음을 중요하게 생각했어요.

보통 대승불교는 한국, 일본, 중국 등 동북아시아에서 많이 믿고, 소승불교는 태국, 캄보디아, 미얀마 등 동남아시아에서 많이 믿는답니다.

카파크가 중얼거렸어요.

"어르신! 석가모니의 가르침을 배우고 싶습니다!"

카파크의 말에 남자가 카파크와 쌍둥이를 힐끗 돌아보았어요.

"나를 따라오시오."

말을 마친 남자가 무서운 속도로 앞서 걸었어요. 남자는 푹푹 빠지는 진흙길을 마치 날아다니듯 뛰어 걸어갔어요. 카파크는 행여 남자를 놓칠까 봐 허둥지둥 따라나섰어요.

"아저씨, 같이 가요!"

민국이가 카파크를 불렀어요. 카파크가 재빨리 대한이와 민국이의 손을 붙잡았어요.

"어서 가자!"

카파크가 남자에게서 시선을 떼지 못한 채 말했어요. 대한이와 민국이는 힘이 들었지만, 있는 힘을 다해 남자를 쫓아갔어요.

진짜 부처와 가짜 부처

정글을 막 벗어났다고 생각되는 순간, 아담한 크기의 동굴이 나타났어요. 동굴 앞에는 돌을 쌓아 올린 불탑이 나무처럼 우뚝 서 있었어요.

"이보시오, 이보시오!"

카파크가 남자를 향해 소리를 질렀지만, 남자의 모습은 그 어디에서도 보이지 않았어요. 바로 그때였어요. 깡마른 모습의 노인이 지팡이를 짚은 채 나타났어요. 승려 옷을 입은 노인은 한 손에 염주를 들고 있었어요.

"누구를 찾아오셨소?"

노인의 지팡이가 나무로 만든 커다란 상자를 가리켰어요.

카파크는 저도 모르게 슬쩍 나무상자 안을 들여다보았어요.

"헉!"

카파크가 자기도 모르게 소리쳤어요.

"왜 그러세요?"

대한이가 나무상자 안을 들여다보려고 하자, 카파크가 고개를 가로저었어요. 그 사이 민국이가 앞으로 쑥 나와 안을 들여다보았어요. 그러고는 두 손으로 눈을 가렸어요.

"뭔데 그래?"

대한이가 물었어요.

"시, 시체야!"

잠시 주저하던 민국이가 작게 말했어요.

"시체라니! 이분들은 모두 부처이시다!"

노인이 소리쳤어요. 노인의 목소리는 마치 천둥이 쾅쾅 내리치는 것처럼 날카로웠어요.

"할아버지, 진짜 부처는 석가모니 한 분 아닌가요? 이 사람들이 부처라면 모두 가짜 부처겠죠!"

민국이의 물음에 노인의 눈빛이 흔들렸어요.

"이곳에서는 우리 모두가 부처란다. 진리를 깨달으면 누구나 부처가 될 수 있지. 저기를 좀 보거라!"

노인이 동굴 안을 가리켰어요.

동굴 안에는 여러 사람들이 불경을 외우고 있었어요. 사람들은 모두 왼쪽 발을 오른쪽 넓적다리 위에 놓고 오른쪽 발을 왼쪽 넓적다리 위에 놓고 앉아 있었지요.

"깨달음을 얻기 위해 모인 사람들이란다. 깨달음을 얻게 되면 썩은 물

대한이의 종교노트 　우리나라의 불교를 발전시킨 원효 스님

원효 스님은 통일신라 시대의 스님이에요. 원효 스님은 당으로 유학을 가던 길에 해골에 고인 물을 마시고, 마음먹기에 따라 썩은 물도 꿀물처럼 느껴진다는 깨달음을 얻었죠. 그 후 백성들에게 부처님의 가르침을 전했어요. 원효 스님이 살던 시대에는 귀족들만 불교를 믿을 수 있었어요. 원효 스님은 부처님의 귀한 가르침을 일반 백성들이 배울 수 없다는 사실이 너무 안타까웠지요. 그래서 불교를 쉽게 풀이하여 길거리에서 부처님 말씀을 전했어요. 사람들의 시선을 끌기 위해 북도 치고 장구도 치며 부처님의 귀한 가르침을 누구나 들을 수 있도록 했답니다.

원효 스님의 초상

도 꿀물이라 생각되지. 불행도 행복도 모두 내 마음먹기 나름인 것을."

노인의 말에 대한이가 머리를 긁적였어요.

"어디서 들었더라? 맞다! 원효대사가 한 말인데."

"맞아! 나도 들은 거 같아."

민국이가 맞장구를 쳤어요. 그때 대한이가 동굴 안을 향해 소리쳤어요.

"아저씨, 아까 그 아저씨 저기 있어요!"

대한이의 말에 민국이와 카파크가 동굴 안을 들여다보았어요.

황금으로 만든 부처상 앞에 앉아 눈을 감은 채 수행하고 있는 남자는

분명 아까 정글에서 봤던 남자였어요.

"아저씨!"

민국이가 소리치자, 노인이 낮은 소리로 나무랐어요.

"방해하지 말거라."

노인의 호통에 퍼뜩 정신을 차린 카파크가 노인에게 말했어요.

"저도 석가모니의 가르침을 배우고 싶습니다."

"가르침을 배우고 싶다면 먼저 다섯 가지 약속을 지켜야 하오."

"네, 지키겠습니다. 말씀만 하세요."

"첫째, 살아 있는 목숨을 해치지 않을 것, 둘째, 도둑질을 하지 않을

 대한이의 종교노트   불교의 최대 명절, 부처님 오신 날

불교에서는 석가모니가 태어난 날을 기리는 '부처님 오신 날'이 가장 큰 명절이에요. 부처님 오신 날은 우리나라에서도 공휴일로 지정되어 있는데, 이날은 관불의식과 연등회, 탑돌이 등의 행사를 해요.

관불의식은 향을 달인 물로 아기 부처상을 목욕시키는 행사이고, 연등회는 석가모니 앞에 등불을 켜고 세상을 밝히는 의식이에요. 또 탑돌이는 석가모니의 사리가 담긴 탑 주위를 돌면서 석가모니의 가르침을 다짐하는 의식이랍니다.

부처님 오신 날 연등회 행사를 하는 모습

것, 셋째, 음란한 생활을 하지 않을 것, 넷째, 거짓말을 하지 않을 것, 다섯째, 술에 취하지 않을 것!"

노인의 말에 카파크가 고개를 끄덕였어요.

"할아버지, 궁금한 게 있는데 왜 다섯 가지 약속을 지켜야 하나요?"

"그건 불교에서는 윤회를 믿기 때문이란다."

"윤회요?"

"윤회란 생명이 있는 것은 여섯 가지의 세상에 번갈아 태어나고 죽는다는 불교의 사상이란다. 살아 있을 때 나쁜 짓을 많이 한 사람은 다음 세상에 동물로 태어나고, 좋은 일을 많이 한 사람은 다시 사람으로 태어나는 거란다."

말을 마친 노인이 카파크를 바라보았어요.

"불교의 가르침은 배워서 뭐하려고 그러시오?"

노인의 질문에 카파크는 자신의 부족이 겪은 이야기를 모두 들려 주었어요. 카파크의 말에 노인이 두툼한 책 한 권을 건네주며 말했어요.

"석가모니의 가르침을 적은 불경입니다. 인간은 욕심과 이기심을 버려야만 고통에서 벗어날 수 있습니다. 부디 그대의 백성 모두 이웃을 사랑하고, 남의 잘못을 용서하며, 살아 있는 생명을 보호하고 아끼며 살기 바랍니다."

노인이 힘주어 말했어요. 카파크는 공손한 자세로 허리를 굽혔지요.

바로 그 순간, 태양의 돌이 빛을 내며 반짝이기 시작했어요. 그런데 이번에는 한 개만 반짝이는 것이 아니라 차례대로 반짝이는 게 아니겠어요?

"시간이 된 것 같구나!"

카파크는 서둘러 노인에게 인사를 한 뒤 한적한 곳으로 갔어요.

"얘들아, 고맙다! 아무래도 너희들 나라로 돌아갈 시간이 된 거 같아."

"네? 벌써 태양의 돌이 한 바퀴 다 돌았나요?"

"그래! 이것 좀 보렴."

카파크가 가리키는 곳에는 태양의 돌 가장자리에 있는 스무 개의 그림들이 차례대로 반짝이고 있었어요.

"부족 사람들에게 좋은 종교를 많이 알려주시기를 빌게요."

대한이가 어른스럽게 인사를 했어요.

때마침 태양의 돌에서 반짝이던 빛이 회오리처럼 빙글빙글 돌더니 카파크의 손에 들린 책을 감싸 안았어요. 순식간에 불경이 태양의 돌 속으로 빨려 들어가 버렸어요. 그리고 그 순간 또 다른 빛이 세 사람을 에워쌌어요.

"아저씨, 그동안 감사했어요."

대한이와 민국이가 손을 꼭 잡은 채 소리쳤어요.

"나도 반가웠다아아~ 잘 가려어엄~"

카파크의 말이 공중에서 빙글빙글 맴돌았어요.

불교의 기원과 전파

불교는 현존하는 가장 오래된 종교 중 하나로, 삼국 시대부터 우리나라의 문화에 많은 영향을 끼쳤어요. 불교는 기원전 6세기경 고대 인도에서 붓다에 의해 성립된 후 지금까지 계속 이어져 내려오고 있어요. 모든 생명을 함부로 죽이지 말고 자비를 베풀라는 석가모니의 가르침을 따르고 있지요.

기원전 563년

싯다르타, 인도와 네팔의 국경 지역에 있는 조그만 왕국의 왕자로 태어남
(싯다르타는 석가모니가 깨달음을 얻기 전의 이름)

싯다르타의 탄생을 표현한 부조

기원전 528년

12월 8일 이른 새벽, 석가모니가 부다 가야(Buddhagaya)의 보리수 아래에서 '깨달음'을 얻음

석가모니가 깨달음을 얻은 부다가야의 마하보디 대탑

기원전 483년
석가모니 입적(승려가 죽음)

기원전 317년경

아소카 왕이 불교를 포교한 지역

인도 최초의 통일 국가인 마우리아 왕조가 성립되고 제3대 왕 아소카가 즉위한 후 불교가 국외로 전파됨

기원전 1세기경
대승불교가 성립됨

1세기경
중국에 불교 전래

7세기 중엽
새로운 불교인 밀교가 생겨남

372년
고구려 소수림왕 때 중국으로부터 불교가 전해짐

384년
인도 승려 마라난타가 백제에 불교 전파

457년
고구려 승려 묵호자가 신라에 불교 전파

552년
백제, 일본에 불교 전파

토론왕 되기!

생명 경시 풍조를 해결할 열쇠가 불교에 있다고?

우리나라에 처음 불교가 전해진 것은 삼국시대 때예요. 고구려 소수림왕 2년(372)에 중국 전진에서 보낸 순도에 의해 불상과 불경이 들어왔지요. 그로부터 12년 뒤 중국 동진에서 온 인도 승려 마라난타가 백제에 불교를 전파했어요. 신라는 삼국 중 불교를 가장 늦게 받아들였는데, 눌지왕 때 고구려 승려 묵호자에 의해 불교가 들어왔어요. 이후 고구려는 4세기 소수림왕 때, 백제는 4세기 침류왕 때, 신라는 6세기 법흥왕 때 불교를 나라의 종교로 공식 인정했지요.

삼국의 불교는 개인이 아닌 왕실과 귀족을 중심으로 발전했는데, 왕실에서는 석가모니의 힘을 빌려 왕권을 강화하고자 했어요. 우리나라의 불교는 왕권을 강화하고 민족 문화를 발전시키는 데 기여했지요.

불교를 믿는 사람들은 석가모니의 가르침을 전하기 위해 절을 건축하고 탑을 세웠어요. 사람들에게 깨달음을 주기 위해 탑을 쌓고 불상을 조각할 때도 온 정성을 다했지요. 그래서 우리나라에는 사람의 마음을 감동시키는 불교 문화재들이 특히 많아요. 그중에서도 경주에 있는 석굴암과 불국사는 세계에 내놔도 손색없는 자랑스러운 불교 문화재랍니다.

생명은 한번 잃으면 예전으로 다시 되돌리거나 다른 것으로 대신할 수 없습니다. 그런데 언제부터인가 지구촌 곳곳에서는 생명을 해치거나 위협하는 각종 범죄로 몸살을 앓고 있습니다. 생명보다 물질을 중요시하는 요즘 사람들의 인식으로 인해 아무런 죄의식 없이 행해지는 생명 경시 사상, 이에 대한 해결책은 어디에 있을까요? 바로 불교에 있지 않을까요.

불교는 생명을 귀하게 여기는 종교예요. 그래서 불교를 들여다보면 살아 있는 다른 생명체에게 고통을 주는 일은 절대 하지 않아요. 가축을 죽이거나 사냥을 하고 물고기를 낚시하는 일도 하면 안 되지요.

불교 계율의 기초가 되는 것 중의 하나가 바로 '중생을 죽이지 말라(不殺生)'는 거예요. 크게는 사람부터 동물, 그리고 작게는 움직이는 작은 곤충들까지 생명이 있는 것은 절대 죽여서는 안 됩니다. 심지어 하찮은 풀이나 식물도 함부로 짓밟거나 꺾어서는 안 된답니다.

절에 계시는 스님들이 절대 고기를 먹지 않는 것도 이 같은 이유에서랍니다. 오히려 불교에서는 부처님의 생명 존중의 가르침을 실천에 옮기기 위해 '방생'을 하지요. 방생이란 물고기를 돈 주고 사서 도로 강물에 놓아 살려주는 행사예요. 이것은 산 것을 놓아주고 죽게 된 것을 살려주는 자비를 실천하는 행사랍니다.

생명을 경시하는 풍조가 만연한 요즘 세상에 불교는 생명의 소중함과 자연의 소중함을 깨닫게 해 주는 좋은 종교예요.

석굴암에 있는 본존불

불국사

퀴즈!

정답을 찾아라!

불교에 대한 설명으로 맞는 것을 찾아보세요. 어렵다고요? 힌트를 하나 줄게요. 불교에 대한 설명을 한 줄로 이으면 빙고가 만들어져요.

석가모니는 인도의 왕자로 태어났어요.	불교는 맨 처음 중국에서 생겨났어요.	불교는 석가모니의 가르침을 따르는 종교예요.
불교에는 브라흐마라는 최고신이 있어요.	불교 명절 중 가장 성대한 날은 부처님 오신 날이에요.	불교에서는 많은 신을 인정하고 있어요.
불교에서는 모든 생명을 함부로 죽이지 말라고 가르쳐요.	불교는 여자는 믿어서는 안 되는 종교예요.	석가모니의 어렸을 때 이름은 고타마 싯다르타 였어요.

석가모니는 인도의 왕자로 태어났어요.
불교는 석가모니의 가르침을 따르는 종교예요.
불교 명절 중 가장 성대한 날은 부처님 오신 날이에요.
불교에서는 모든 생명을 함부로 죽이지 말라고 가르쳐요.
석가모니의 어렸을 때 이름은 고타마 싯다르타였어요.

정답

4장

평화의 종교
이슬람교

사라진 태양의 돌을 찾아라!

"형, 빛이 사라진 것 같아!"

민국이가 대한이의 손을 흔들며 말했어요.

"여긴 어딜까?"

눈을 뜬 대한이가 눈을 비비고 주변을 둘러보았어요.

그런데 이건 또 어떻게 된 일일까요? 눈앞에 낯선 풍경이 펼쳐져 있었어요.

"우리 집에 온 거 맞아? 여기 꼭 외국 같아!"

민국이가 두리번거리고 있을 때 머리에 터번을 두른 남자아이 둘이 달려오더니 호기심 어린 눈빛으로 대한이와 민국이를 뜯어보았어요.

"할 윰키누 안 아쓰알라카 안 이쓰미카?"

남자아이가 말했어요. 대한이와 민국이는 깜짝 놀랐어요. 남자아이가 하는 말을 도저히 알아들을 수가 없었거든요.

"형, 애들이 뭐라고 하는 거야?"

"몰라! 여긴 도대체 어딜까?"

대한이가 두려운 표정을 지었어요. 그때 쌍둥이의 눈에 긴 머릿수건을 한 여자가 보였어요. 그 모습을 본 대한이가 민국이의 귀에 소곤거렸어요.

"민국아, 아까 우리가 태양의 돌에 어떤 그림을 그렸는지 기억나니?"

"응! 맨 처음에 십자가를 그렸고, 그다음에 불교의 만자, 그리고 별을 그렸어. 그런데 그건 왜?"
"우리 아무래도 우리나라가 아니라 제3의 나라에 와 있는 거 같아."
대한이가 소곤거렸어요. 민국이는 남자아이들에게 큰 소리로 물었어요.
"얘들아, 여기가 어디야?"
남자아이들이 쌍둥이를 바라보았어요.
"나암, 마-다- 후나-카?"

남자아이들의 말에 민국이는 손짓 발짓을 섞어 가며 대화를 시도했어요.

"여기가 어디냐고!"

하지만 남자아이는 민국이의 말을 알아듣지 못했어요. 남자아이는 쌍둥이가 성지순례를 온 외국인이라고 생각했어요. 이 마을에는 오래전부터 성지순례를 오는 외국인이 많았거든요. 그래서 쌍둥이를 술탄 아흐메트 모스크 앞으로 안내했어요. 모스크 안에서는 많은 사람들이 기도를 드리고 있었어요.

"앗쌀라 무알레쿰."

모스크 앞을 지나는 사람들은 서로 마주칠 때마다 상대방에게 이렇게 말했어요.

"형, 여기가 어딜까?"

"틀림없이 별 그림과 관련된 곳일 거야."

"왜 그렇게 생각해?"

민국이가 물었어요.

"이곳은 우리나라가 아니잖아. 그리고 우린 지금까지 태양의 돌에 그려 넣은 그림 순서대로 종교 여행을 해 왔으니까."

"그럴 수도 있겠다. 형, 저 사람들 무슨 말을 쓰는 거 같아? 영어나 프랑스어도 아니고 독일어도 아닌 것 같고."

민국이의 말을 들은 대한이가 갑자기 무릎을 탁 하고 쳤어요.

"맞다! 아랍어! TV에서 무슬림[01]들이 했던 말이랑 비슷한 거 같아."

---

01) 이슬람교도를 가리키는 말.

터키에 있는 술탄 아흐메트 모스크

"무슬림이라고? 무슬림은 왠지 무서워! 그 사람들 테러를 저지르던데."
민국이가 오들오들 떠는 시늉을 했어요.
"일단은 최대한 무슬림이랑 마주치지 않도록 하자."
"형, 카파크 아저씨를 찾는 건 어때? 태양의 돌 때문에 우리가 여기에 와 있다면 틀림없이 아저씨도 우리랑 같은 곳에 떨어졌을 거야."
"그래! 네 말이 맞는 것 같아."
"그런데 왜 우리는 아랍어를 알아듣지 못할까?"
"그건 태양의 돌이 없기 때문 아닐까? 아저씨가 그랬잖아. 태양의 돌 덕분에 우리가 서로의 말을 알아들을 수 있는 거라고."
"형, 어서 아저씨를 찾으러 가자!"

쌍둥이는 서둘러 처음 장소로 뛰어갔어요. 샅샅이 주변을 뒤지던 쌍둥이의 배에서 약속이라도 한 것처럼 꼬르륵 소리가 들렸어요.
"형, 배고파!"
"나도. 우리 먹을 것을 찾아보자."
쌍둥이는 먹을 것을 찾아 다녔어요. 그때 어디선가 달콤한 향이 바람결에 날아왔어요. 쌍둥이는 냄새가 나는 곳으로 달려갔어요. 그랬더니 그곳에는 잘 익은 복숭아가 주렁주렁 달려 있는 게 아니겠어요?
"복숭아다!"
민국이가 복숭아를 따려고 하자, 대한이가 말렸어요.
"주인이 있는 복숭아면 어떻게 하려고 그래?"
"길거리에 있는 나무인데 설마 주인이 있겠어?"
민국이가 이렇게 말하며 복숭아를 뚝 따서는 한입 크게 베어 물었어요. 그러자 달콤한 향이 입안 가득 퍼졌어요.
"우와, 진짜 달다! 꼭 설탕에 절인 복숭아 같아."
민국이의 말에 대한이가 침을 꿀꺽 삼켰어요. 그러고는 더 이상 참지 못하고 복숭아를 따서 먹었지요.
"진짜 맛있다!"
쌍둥이는 그 자리에서 복숭아를 서너 개씩 먹어치웠어요.
"아, 배부르다!"
"나도! 이제 살 것 같아."

하루 종일 아무것도 먹지 못하다 한꺼번에 배불리 먹고 나서인지 졸음이 순식간에 몰려왔어요. 쌍둥이는 바닥에 벌러덩 누웠어요. 그리고 스르르 잠이 들었어요.

재판에 넘겨진 쌍둥이

그렇게 얼마나 잤을까요? 사람들의 웅성거리는 소리에 쌍둥이는 잠에서 깨어났어요. 눈을 뜨자 머리에 터번을 두른 무슬림들이 쌍둥이를 내려다보고 있었어요. 쌍둥이는 벌떡 일어났어요. 사람들 틈에서 카랑카랑한 목소리가 들려왔어요.

"라마단[02] 기간에 음식을 먹다니! 당장 재판에 넘겨야 합니다!"

쌍둥이는 속으로 깜짝 놀랐어요. 사람들이 하는 말을 알아들을 수 있었기 때문이에요.

"태양의 돌이 여기 어딘가에 있어."

쌍둥이는 동시에 주변을 둘러보았어요. 그때 사람들 틈에서 낯익은 얼굴이 보였어요. 카파크였어요. 카파크는 조용히 손가락을 입에 가져다 댔어요. 그것을 본 쌍둥이는 카파크를 못 본 척했어요.

사람들이 몰려와 쌍둥이를 작은 방에 가두었어요. 그리고 얼마 후, 사람들이 한눈을 파는 사이 카파크가 쌍둥이에게 다가왔어요.

---

02) 이슬람교에서 행하는, 약 한 달가량의 금식기간. 아랍어로 '더운 달'이라는 뜻으로, 이슬람 달력(曆)에서의 9번째 달을 의미.

대한이의 종교노트 이슬람교는 어떤 종교일까?

이슬람교는 알라를 믿는 종교예요. 알라는 아랍어인데 '신'을 뜻하는 '일라흐'에 '그'를 뜻하는 정관사 '알'이 붙은 '알일라흐'라는 말에서 온 것으로 '그 신'이라는 뜻이에요.

이슬람교의 경전은 코란이에요. 코란에는 신이 무함마드에게 들려준 말이 적혀 있는데, 어떻게 사는 것이 바르게 사는 것인지를 알려주고 있어요. 무슬림은 예배를 드릴 때 아랍어로 쓰인 코란을 읽으며, 반드시 코란에 적힌 대로 살아야 해요.

사우디아라비아 리야드의 국립박물관에 전시된 코란

"애들아, 잠시 후 너희들은 무슬림 재판에 넘겨질 거야. 무슬림은 라마단 기간에는 해가 뜰 동안 아무것도 먹어서는 안 돼. 그런데 너희는 그걸 어겼어. 내 생각에 너희들은 무슬림이 아니니까 그걸로 밀고 나가면 될 것 같아. 괜히 이슬람교도인 척하지 말고 당당하게 행동하렴."

카파크가 이렇게 말하며 방을 나갔어요.

잠시 후, 방문이 열리며 무슬림들이 우르르 들어왔어요.

"라마단의 금식을 어긴 이 애들을 어떻게 처벌하는 게 좋겠소?"

가장 나이 많은 노인이 사람들을 향해 이렇게 물었어요.

"코란을 어긴 자는 엄벌에 처해야 합니다."

사람들 틈에서 누군가 소리쳤어요.

"맞아요! 규율을 어긴 자는 무슬림의 자격이 없습니다."

"이참에 규율을 어기면 어떻게 되는지 똑똑히 보여줍시다!"

사람들이 쌍둥이를 향해 삿대질을 하기 시작했어요. 바로 그때 쌍둥이가 번쩍 손을 들었어요.

"드릴 말씀이 있습니다."

쌍둥이의 말에 노인이 고개를 끄덕였어요.

"그래, 말해 보거라."

"먼저 라마단 기간에 금식을 해야 하는 규율을 어겨 죄송합니다. 그런데 저와 동생은 무슬림이 아닙니다."

대한이의 말에 무슬림들이 웅성거리기 시작했어요.

"그럼 너희들의 종교는 무엇이냐?"

"유교입니다."

쌍둥이가 동시에 대답했어요.

"유교? 처음 듣는 종교인데 어떤 종교인지 설명할 수 있느냐?"

"유교는 효를 중시하는 동양의 종교입니다."

"마지막으로 할 말이 있느냐?"

"너무 배가 고파서 복숭아를 따먹었어요. 복숭아를 도둑질했다는 죄로 저희들이 벌을 받으면 따르겠지만, 저희가 무슬림도 아닌데 라마단 기간을 어겼다는 말은 인정할 수 없습니다."

 대한이의 종교노트   무슬림이 꼭 지켜야 할 다섯 가지 기둥

'코란'에는 '반드시 알라에게 복종해야 한다'고 적혀 있어요. 그리고 복종하기 위해서는 다섯 가지 계율인 '다섯 기둥'을 꼭 지켜야 해요. 첫 번째 기둥은 '알라 이외에는 신이 없고, 무함마드는 알라의 마지막 예언자다'라는 신앙고백을 아랍어로 하는 거예요. 두 번째 기둥으로 하루에 다섯 번(해 뜨기 전, 정오경, 오후 3~4시경, 해가 진 후, 저녁 7~9시경) 카바 신전이 있는 메카(이슬람 성지)를 향해 알라신께 예배를 드려야 해요. 세 번째 기둥은 단식이에요. 무슬림은 이슬람 달력으로 9번째 달인 라마단 기간 한 달 동안 해가 떠 있는 시간에는 물을 포함해서 어떤 음식도 먹지 않아요. 심지어는 침도 삼키지 않는다고 해요. 네 번째 기둥은 '희사喜捨'예요. 이것은 자신이 1년 동안 번 돈의 25퍼센트를 무슬림 공동체의 가난한 사람들을 위해 헌금하는 것이지요. 다섯 번째 기둥은 일생에 적어도 한 번은 메카 순례를 하는 일이에요. 무슬림들은 보통 12월에 흰옷을 입고 메카를 순례한답니다.

메카에서 기도를 드리는 무슬림

메카에서 성지순례 중인 무슬림들

대한이의 말에 사람들이 수군거리기 시작했어요.

"얘들이 먹은 복숭아나무는 주인도 없잖아!"

"그래! 그러니 도둑질을 한 것은 아니지."

"무슬림도 아니라잖아요. 그럼 라마단을 지킬 필요도 없는 거 아닌가요?"

"맞아요! 그럼 저 아이들은 죄가 없네요."

사람들이 떠들어댔어요. 잠시 후, 노인이 다시 앞에 섰어요.

"판결을 내리겠소! 이 소년들은 무슬림이 아니라서 라마단을 어긴 것이 아니므로 죄를 물을 수 없다."

노인의 말에 사람들이 박수를 쳐 주었어요. 사람들이 뿔뿔이 흩어진 뒤 카파크가 다가왔어요.

"어떻게 된 일이니? 너희들 나라로 간 거 아니었어?"

"모르겠어요. 저희도 우리나라로 간 줄 알았는데, 갑자기 아랍어가 들려와서 얼마나 놀랐는지 몰라요."

대한이가 말했어요.

"아저씨, 손에 갖고 계신 건 뭐예요?"

"이건 코란이란다. 이슬람교의 경전이지. 우연히 좋은 무슬림을 만나 코란을 얻고 이슬람교가 어떤 종교인지 공부를 했단다."

"이슬람교는 어떤 종교예요?"

"이슬람교는 평화의 종교야. '이슬람'이라는 말은 아랍어로 '평화와 복종'이라는 뜻을 가지고 있거든."

카파크의 말에 대한이와 민국이가 깜짝 놀란 표정을 지었어요.

"평화의 종교라니 믿기지 않아요. TV에서 이슬람 신자들이 테러를 저지르는 것을 봤는데."

"그건 너희들이 잘못 안 것이거나, 일부 나쁜 사람들과 관련된 일이겠지. 내가 보고 들은 바에 따르면, 이슬람교를 믿는 사람들은 알라의 뜻에 따라 평화롭게 살기를 원하고 있었어."

카파크가 단호하게 말했어요.

"형, 이제는 집에 갈 수 있겠지?"

민국이가 물었어요.

"아마도."

"막상 집에 가려니까 서운하네."

민국이가 중얼거렸어요. 그때 한 남자가 카파크에게 다가와 무슨 말을 했어요.

"너희를 초대하고 싶다는구나."

"누가요?"

"메카 순례를 온 이슬람교도인데 너희들의 모습이 인상적이었던가 봐."

카파크의 말에 쌍둥이는 주섬주섬 자리에서 일어났어요.

잠시 후, 남자가 쌍둥이와 카파크를 데리고 간 곳은 넓은 방이었어요. 세 사람이 방 안에 들어서자, 히잡[03]을 쓴 여자들이 먹을 음식을 식탁에 놓아 주었어요. 지금까지 한 번도 본 적 없는 신기한 음식들이 먹음직스럽게 차려졌어요.

"어서 먹어. 너희를 위해 준비했대."

---

03) 얼굴만 남기고 머리카락을 감싸는 스카프로, 이슬람 여성들이 머리와 상반신을 가리기 위해 쓴답니다.

카파크의 말에 쌍둥이가 동시에 손사래를 쳤어요.
"시, 싫어요! 안 먹을래요."
"또 라마단을 어겼다고 잡혀 가면 어떻게 해요?"
쌍둥이가 침을 꿀꺽 삼키며 말했어요.

이슬람교도가 먹어서는 안 되는 음식

 대한이의 종교노트

이슬람교도(무슬림)가 절대 먹어서는 안 되는 음식이 있어요. 동물의 사체, 피, 하느님의 이름으로 도살하지 않은 동물의 고기와 돼지고기, 술 등이 그것이에요. 특히 돼지는 이슬람교에서 멀리하는 동물로 절대로 먹어서는 안 되고, 만약 만지게 되면 손을 깨끗이 씻어야 한답니다.

"이제 괜찮아. 라마단은 해가 뜰 때만 먹지 않으면 돼. 지금은 해가 져서 이렇게 음식을 만들어 같이 나눠 먹는단다."

카파크의 말에 쌍둥이가 주변을 둘러보았어요. 그랬더니 기도를 끝낸 사람들이 옹기종기 모여 앉아 음식을 먹고 있었어요. 음식을 먹는 사람들을 본 쌍둥이는 그제야 음식을 먹기 시작했어요.

"형, 소고기도 있어! 아저씨, 소고기 드세요."

민국이가 허겁지겁 고기를 먹으며 말했어요.

"난 고기는 안 먹는단다. 너희들 먹으렴."

카파크가 정중히 사양을 했어요.

이슬람교의 역사

이슬람교는 알라신을 믿는 종교로 아라비아의 예언자 무함마드가 창시했어요. 세계 3대 종교 중 하나지요. 무함마드가 세상을 떠난 뒤 후계자를 둘러싼 대립으로 수니파와 시아파 등 여러 파로 분열되었어요. 서남아시아 대부분의 사람들이 이슬람교를 믿고 있으며 아시아와 아프리카, 유럽 사람들 중에도 이슬람교를 믿는 사람들이 많아요.

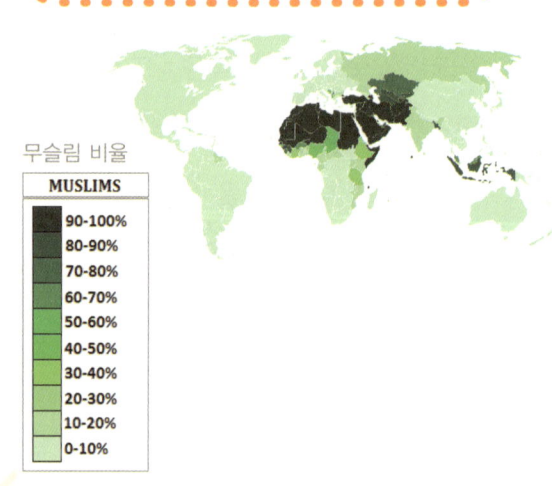

무슬림 비율

570년
무함마드가 메타에서 태어남

610년
무함마드, 대천사 가브리엘로부터 최초 계시를 받고 이슬람교를 창시. 사우디아라비아 메카에 있는 카바 신전은 무슬림들이 인류 최초의 유일 신전으로 믿는 곳

천사 가브리엘의 계시를 받은 무함마드(14세기 그림)   카바 신전

622년
무함마드, 신자들을 이끌고 메디나로 감

이슬람 제2의 성지 메디나

630년
메카를 점령하고 아라비아 반도 전체를 통일

성스러운 도시란 별명을 지닌 메카

632년

무함마드가 세상을 떠남 사우디아라비아의 메디나에 있는 예언자의 모스크에 무함마드의 무덤이 있음

무함마드의 무덤이 있는 예언자의 모스크

650년

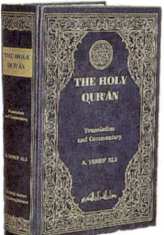

이슬람교의 경전 코란이 성립됨

코란

633년

무슬림이 시리아와 이라크를 정복

705년

할리파 왈리드가 다마스쿠스에서 대모스크를 세움

7세기 후반

시아파 성립

1187년

살라딘이 십자군을 무찌르고 예루살렘을 점령

1492년

그라나다가 기독교 손에 들어가면서 무슬림이 추방당함

1501년

이란: 시아파 사파비 왕조 성립, 12이맘파를 국교로 인정

1526년

인도에 무굴 왕조 성립

1583년

동남아시아에 이슬람교 전파

1779년

이란에 카자르 왕조 성립

1848년

이란: 바브 반란, 바하이교 성립

1881년

이집트: 아라비 파샤 혁명 실패
수단: 마하디 반란

1923년

터키공화국 성립

1925년

이란: 팔레비 왕조 성립

1932년

와하브파, 사우디아라비아 왕국 성립

1979년

이란: 이슬람 혁명 발생

토론왕 되기!

이슬람교도와 힌두교도가 사이좋게 지낼 방법은 없을까?

지금으로부터 1200여 년 전, 이슬람교도들은 인도를 지배했어요. 이슬람교도들은 수많은 힌두교와 불교 유적을 파괴하고 힌두교 신자들에게 이슬람교를 믿도록 강요했지요.

이슬람교와 힌두교는 많은 문화적 차이가 있어요. 이슬람교는 유일신 알라만을 믿는데, 힌두교에서는 많은 신을 믿어요. 그리고 이슬람교에서는 돼지고기를 불

메카에서 기도를 드리고 있는 무슬림

힌두교의 주요 수행인
요가 명상을 하는 시바 신

결한 것으로 보고 절대 먹지 않는 대신 소고기를 먹어요. 그런데 힌두교에서는 소를 어머니라 믿으며 신성하게 여겨요. 그래서 힌두교 신자들은 절대로 소고기를 먹지 않았지요. 이렇게 이슬람교와 힌두교는 다른 점이 너무 많았어요. 게다가 같은 나라, 같은 공간에서 살다 보니 서로 부딪힐 일이 많았지요.

이슬람교도와 힌두교도의 싸움은 종교적인 차이 때문에 일어나기도 하고, 성지 때문에 일어나기도 해요.

이슬람교의 사원과 힌두교의 신전은 같은 장소에 있어요. 이슬람교도들이 인도를 지배하게 되면서 이슬람교 사원을 힌두교 성지가 있는 곳에 세웠거든요. 그래서 두 종교는 오랫동안 갈등하며 싸워 왔어요.

하지만 근래 들어 두 종교는 서로의 종교를 이해하기 위해 노력하며 끊임없이 대화를 하는 등 꾸준히 노력하고 있답니다.

이슬람교와 힌두교 두 종교가 서로 공존하면서 살아갈 수 있는 방법은 없을까요? 여러분의 생각을 부모님 또는 친구와 이야기해 보세요.

퀴즈!

다음 중 맞는 설명은?

이슬람교에 대한 질문에 맞는 답을 골라 가며 색칠하세요. 질문에 맞는 답을 고르다 보면 이슬람교에 대한 지식을 쌓을 수 있을 거예요.

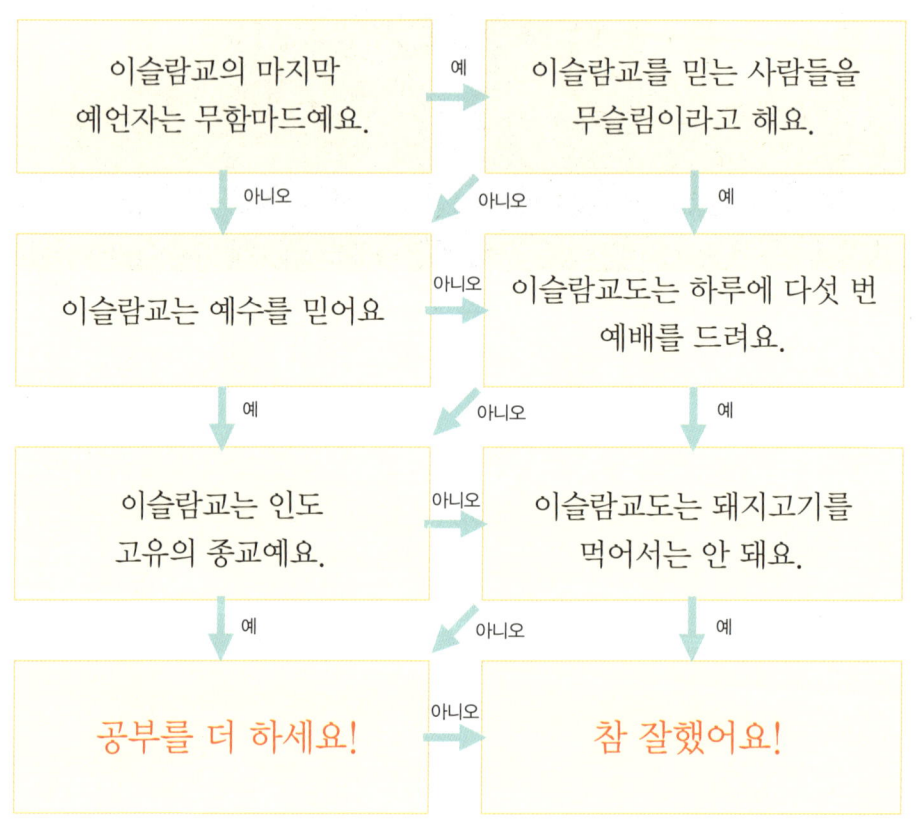

정답:
이슬람교의 마지막 예언자는 무함마드예요.
이슬람교를 믿는 사람들을 무슬림이라고 해요.
이슬람교도는 하루에 다섯 번 예배를 드려요.
이슬람교도는 돼지고기를 먹어서는 안 돼요.

5장

세계의 여러
종교와 문화

사면초가에 빠진 쌍둥이

오랜만에 배부르게 먹은 쌍둥이와 카파크는 작별인사를 했어요.
"이번에는 진짜 집으로 돌아갈 수 있는 건가요?"
"그럴 거야. 여행이 모두 끝났으니까."
카파크가 이렇게 말하며 태양의 돌에서 나오는 빛의 힘으로 쌍둥이를 집에 돌려보내기 위해 코란을 태양의 돌 가까이에 두려는 순간이었어요. 복면을 한 남자들이 우르르 몰려와서는 쌍둥이를 데리고 가 버렸어요. 쌍둥이는 외마디 비명도 질러 보지 못한 채 어디론가 끌려갔어요.
잠시 후, 복면을 쓴 괴한들은 쌍둥이를 창고에 가둬 버렸어요.
"누, 누구세요?"
"우릴 왜 잡아온 거예요? 우린 아무 잘못도 없어요!"
대한이와 민국이가 동시에 소리쳤어요. 복면을 쓴 남자들이 뭐라고 말을 했지만, 알아들을 수가 없었어요.
"뭐지? 우리가 왜 잡힌 걸까?"
대한이는 곰곰이 생각에 빠졌어요.
창고 안은 깜깜했어요. 문 위쪽에 난 작은 창으로 빛이 조금 들어오고 있을 뿐이었어요.
"형, 엎드려 봐!"
"왜?"

"문밖에 누가 있나 좀 보려고."

민국이의 말에 대한이가 납작 엎드렸어요. 그러자 민국이가 대한이를 밟고 올라섰지요. 하지만 밖을 보기에는 턱없이 부족했어요.

"형, 조금만 일어서 봐!"

"이게 최대한 일어선 거야. 더 이상은 안 돼!"

쌍둥이는 밖을 내다보기 위해 몸부림을 쳤지만, 창이 높아서 도저히 밖을 볼 수가 없었어요.

"크크크, 그래가지고 여기를 빠져나가겠냐? 포기해! 여긴 한 번 들어오면 못 나가! 밖에 있는 녀석들이 스스로 문을 열어주기 전에는."

쌍둥이가 소리가 나는 곳을 돌아보았더니 어두운 창고 한 귀퉁이에 허름한 옷을 입은 남자가 앉아 있었어요. 남자는 껌껌한 곳에서 책 한 권을 펼쳐놓고 보고 있었어요.

"아저씨도 죄를 지었어요?"

"내 이름은 아저씨가 아니라 칸이야! 죄를 짓기는 했지만 너희들처럼 신전을 더럽히지는 않았단다."

"신전을 더럽혔다고요? 우린 그런 적 없어요!"

"너희들을 창고에 두고 간 녀석들 얘길 들었는데, 너희들 소고기를 먹었다며?"

"소고기는 먹었는데 그게 어때서요?"

"힌두교에서는 소고기를 먹어선 안 돼. 더군다나 너희들은 힌두교 신전에서 고기를 먹었다며."

"우린 이슬람 신전에서 고기를 먹었는데요?"

"이 동네에서는 이슬람교도와 힌두교도가 같은 건물을 신전으로 사용

대한이의 종교노트 힌두교는 어떤 종교예요?

힌두교의 트리무르티와 트리데비 신

'힌두'는 인도에 있는 인더스 강을 뜻하는 '신두'에서 유래된 것으로 인도를 뜻하는 말이에요. 힌두교는 고대 인도에서 발생한 종교로, 다른 종교와 달리 창시자가 없어요. 그래서 언제 어떻게 시작되었는지 정확히 알 수 없어요.

힌두교는 단 한 명의 신을 믿는 것이 아니라, 셀 수 없이 많은 신을 믿어요. 힌두교 신자들은 자신들이 행복해지는 길이 세 가지 있다고 믿어요. 첫째는 지혜롭게 사는 것, 둘째는 욕심 없이 봉사하는 삶을 사는 것, 셋째는 신을 사랑하면서 사는 거예요.

하고 있어. 아마도 너희들이 소고기를 들고 힌두교 신전으로 와서 먹었겠지."

칸의 말에 쌍둥이는 그제야 자신들이 왜 잡혀 왔는지 알게 됐어요. 한 시간 전, 식사 초대를 받은 쌍둥이는 이슬람교 신자들과 식사를 하다가 카파크와 오붓하게 이야기를 나누기 위해 밖으로 나왔어요. 그때 고기를 좋아하는 민국이가 소고기를 접시에 들고 밖으로 나왔고, 잔디밭 같은 데서 소고기를 먹었는데, 그곳이 공교롭게도 힌두교도들이 사용하는 야외 신전이었던 모양이에요.

"에휴!"

민국이가 한숨을 푹 쉬었어요.

"이제 우린 어떻게 되는 건가요?"

"신전을 더럽힌 죄를 받겠지."

칸이 말했어요.

"그럼 어떻게 해야 해요?"

"여길 빠져나가야지! 하지만 밖에서 문을 열어주기 전에는 밖으로 나갈 방법이 없을걸!"

칸의 말을 들은 민국이의 얼굴이 갑자기 환해졌어요.

"형, 방법을 찾은 거 같아!"

"뭐? 어떤 방법?"

"지금 아저씨가 밖에 와 있어. 아저씨만 만나면 우린 여길 떠나 집으로 갈 수 있어."

"무슨 소리야? 아저씨가 여길 어떻게 오니? 우리가 어디로 잡혀 왔는지도 모를 텐데."

대한이가 퉁명스럽게 말했어요.

"형, 생각해 봐! 우린 방금 저 아저씨랑 대화를 했잖아. 그건 태양의 돌을 가진 아저씨가 지금 우리 근처에 있다는 말이 돼."

민국이의 말에 대한이의 눈이 동그래졌어요.

"그, 그러네."

대한이가 중얼거렸어요. 쌍둥이는 초조한 눈빛으로 문 쪽을 바라보았어요. 그때 밖이 소란스러워지며 투덜거리는 소리가 들려왔어요.

"별 이상한 사람 다 보겠네."

"그러게. 스스로 벌을 달라고 하는 사람은 살다 살다 처음일세."

 대한이의 종교노트 힌두교에는 어떤 신이 있나요?

힌두교에는 수많은 신이 있는데, 그중 대표적인 신으로 브라흐마와 비슈누, 시바가 있어요. 이 세 명의 신은 각자 맡은 역할이 달라요. 브라흐마는 세상을 창조하는 일을 하고, 비슈누는 세상을 유지하면서 보호하는 일을 하고, 시바는 세상을 파괴하는 일을 해요.

브라흐마는 최고신으로 사람들의 소망에 따라 3억 종류의 다양한 모습으로 변신해 나타난다고 해요. 힌두교의 경전인 베다는 브라흐마의 계시로 기록되었어요. 비슈누는 사람들에게 가장 인기가 많은 신으로, 세상이 위기에 처할 때 인간의 모습으로 이 세상에 태어나 세상을 구원한다고 해요.

요가 명상을 하고 있는
시바

네 개의 팔을 가진
비슈누

할레비드 사원에 조각된
브라흐마

자세히 들어 보니 밖에서 카파크가 쩌렁쩌렁 소리를 질러 대는 게 아니겠어요?

"나도 가둬! 나도 죄인이라니까!"

카파크가 계속해서 소란을 피우자, 밖에서 허스키한 목소리가 들려왔어요.

"시끄러워 죽겠네! 저 녀석도 가둬 버려!"

잠시 후, 문이 열리며 힌두교도들이 카파크를 끌고 와 바닥에 팽개쳐 버렸어요.

"얘들아!"

"아저씨!"

쌍둥이와 카파크는 서로 얼싸안고 기뻐했어요.

"얘들아, 어서 여길 빠져나가자!"

카파크가 이렇게 말하며 품속에서 태양의 돌과 코란을 꺼냈어요. 그러고는 코란을 태양의 돌에 가까이 댔지요. 그러자 태양의 돌에서 눈부시게 환한 빛이 스멀스멀 나오기 시작했어요. 대한이와 민국이는 손을 꼭 잡았어요. 바로 그 순간, 칸이 갑자기 책 한 권을 태양의 돌에 쑥 내밀었어요. 카파크가 미처 책을 쳐내기도 전에 빛이 네 사람을 동시에 감싸 버렸어요.

"도대체 뭘 던진 거요?"

우리가 어디 가는 줄 알고요?

카파크가 칸에게 소리쳤어요.

"베다를 넣었소! 당신이 책을 넣어 이곳을 빠져나간다기에 나도 이곳을 빠져나가기 위해 넣었소만."

칸의 말에 카파크가 헛웃음을 지었어요.

"베다가 뭐예요?"

대한이가 물었어요.

"베다는 수천 년에 걸쳐 만들어진 힌두교의 성전이란다. 나처럼 힌두교를 믿는 사람들은 평생 베다의 가르침을 받들며 산단다."

칸의 말이 끝남과 동시에 빛은 회오리처럼 빙글빙글 돌기 시작했어요. 깜짝 놀란 칸이 옆에 있는 카파크와 대한이를 붙잡았어요.

탈무드에 반하다

"으아악!"

누군가 소리쳤어요.

정신이 번쩍 든 쌍둥이는 눈을 뜨고 얼른 주변을 둘러보았어요. 기도를 드리고 있던 많은 사람들이 네 사람의 갑작스러운 등장에 깜짝 놀란 모습이었어요.

"여긴 또 어디요?"

칸이 카파크의 귀에 대고 조용히 물었어요.
"그건 나도 몰라요!"
"아저씨, 왜 또 이런 곳에 떨어진 걸까요?"
"너희들, 태양의 돌에 십자가와 만자, 별자를 그렸다고 하지 않았니? 혹시 뭐 더 그려 넣은 거 없었어?"

카파크의 말에 쌍둥이는 생각에 잠겼어요.

"맨 처음에 십자가를 그렸고 그다음에 만자를 그렸어요."

대한이가 말하자, 민국이가 입을 열었어요.

"저는 별을 그려 넣었어요. 삼각형을 두 개 겹쳐서."

여기까지 말을 마친 민국이가 제 머리를 탁하고 쳤어요.

"맞아요! 별을 그리기 전에 삼각형을 그리려다가 초승달을 그렸지 뭐예요? 그래서 초승달을 지우고 별을 그렸어요."

민국이의 말을 끝까지 들은 카파크가 나섰어요.

"이제야 알겠구나! 그래서 네 번의 여행을 하게 된 것이었어. 십자가는 기독교의 상징, 만자는 불교의 상징, 초승달은 이슬람교의 상징, 별은 유대교의 상징이었어."

"우와, 그렇게 되는 거군요."

대한이가 침을 꿀꺽 삼키며 말했어요.

"아저씨, 그럼 이번이 진짜 마지막 여행이겠죠?"

"아마도!"

카파크의 입술이 떨렸어요.

바로 그때였어요. 인자한 표정의 노인이 네 사람에게 다가왔어요.

"보아하니 외국인으로 보이는데, 이스라엘엔 어떻게 오셨소?"

"이 세상에 있는 종교의 가르침을 배우러 여행을 하는 중입니다."

"그렇군요! 그럼 우리 유대교에 대해 좀 알려드려도 되겠소?"

 대한이의 종교노트 유대교는 어떤 종교일까?

유대교는 기독교처럼 하느님을 믿는 종교예요. 하지만 예수를 하느님의 아들이라고 인정하지는 않아요. 유대교를 믿는 사람들은 하느님을 '야훼'라고 하며 섬겨요.

유대교는 같은 하느님을 믿고 구약성경을 경전으로 쓰는 등 기독교와 공통점이 많아요. 하지만 다른 점도 많아요. 유대교에서는 예배를 주도하고 신의 가르침을 전하며 율법을 지키는 사람을 '랍비'라고 하고, 예배를 드리는 곳은 '회당'이라고 부른답니다. 기독교도들이 주일에 예배를 드리고 목사의 설교를 듣는 반면, 유대교 신자들은 매주 금요일 저녁에 '회당'에 모여 예배를 드리고, '랍비'의 설교를 들으며 찬송가를 부르고 기도를 하지요.

유대교의 상징인 별

세계의 여러 종교와 문화 | 113

"네! 그렇게 해 주시면 감사하겠습니다."

카파크의 말에 노인이 책 한 권을 내주었어요.

"이 책은 우리 같은 랍비들이 엮어 만든 유대교의 경전이라오. 탈무드라고 하지요."

랍비의 말에 쌍둥이가 탈무드를 받아 들었어요. 말을 마친 랍비는 다시 예배와 공부를 시작했어요. 유대교 신자들의 예배와 공부가 한 시간 넘게 계속되었지만 카파크와 쌍둥이는 일어날 줄을 몰랐어요.

모든 예배가 끝난 뒤, 카파크는 상기된 얼굴로 자리에서 일어났어요.

"너희들 덕분에 이 세상에 있는 좋은 종교들을 많이 알게 되었구나. 정말 고맙다!"

"아저씨, 이제부터 정말 바빠지시겠네요."

"그래. 아마도 그럴 것 같구나."

"아저씨는 어떤 종교가 제일 마음에 드세요?"

"음, 너무 어렵구나! 종교마다 장점이 너무 많아서 어떤 종교를 골라야 할지 모르겠어. 하지만 중요한 건 모든 종교가 이웃을 사랑하고 사람들과 화목하게 잘 살라고 가르치는 것 같아. 그래서 고향에 가면 부족 사람들에게 세상의 모든 종교에 대해 알려주고 스스로 종교를 선택하게 해 주고 싶단다."

카파크가 빙그레 웃으며 말했어요.

"우리는 고향으로 갑니다. 아저씨는 어떻게 하시겠습니까?"

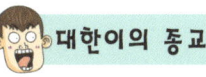 유대교의 경전, 토라와 탈무드

유대교의 경전은 '율법' 또는 '토라'라고 불려요. 토라는 구약성경 맨 앞에 있는 다섯 권의 책으로, 창세기·출애굽기·레위기·민수기·신명기를 말해요. 이 책에는 하느님이 천지창조를 하신 이야기와 유대인의 조상 이야기, 또 하느님을 믿는 사람들이 해야 할 일과 하지 말아야 할 일들이 나와 있어요.

탈무드를 공부하는 유대인 학생들

탈무드는 토라와 함께 유대교의 생활 규범이 되고 있는 책으로 랍비들이 만들었어요. 이 책에는 유대인이 일상생활에서 지켜야 할 것과 안식일에 지켜야 할 일, 먹을 수 없는 음식에 이르기까지 교훈적인 이야기와 지혜로운 이야기들이 많이 담겨 있어요. 그래서 탈무드는 유대인이 아니더라도 한 번쯤은 꼭 읽어 볼 필요가 있는 책이랍니다.

카파크가 칸에게 물었어요.

"난 여기에 남겠습니다. 고향으로 가 봐야 감옥 신세나 지겠지요."

칸은 이렇게 말하며 쌍둥이와 카파크에게 작별인사를 했어요.

"자, 이제 우리도 가야 할 시간이다!"

카파크는 랍비에게 받은 탈무드를 태양의 돌 가까이에 댔어요. 그러자 태양의 돌에서 빛이 나와 세 사람을 감쌌어요.

잠시 후, 쌍둥이는 박물관에 떨어졌어요. 박물관 안의 사람들이 우르

르 몰려왔어요.

"얘들아, 괜찮니?"

 정신을 차린 쌍둥이는 벌떡 일어나 주변을 둘러보았어요.

"형, 박물관이야! 드디어 우리나라에 왔어!"

 민국이의 말에 대한이도 활짝 웃었어요.

"형, 빨리 집에 가자!"

"그래! 그러는 게 좋겠어."

 대한이는 민국이의 손을 꼭 잡았어요. 그러고는 뒤도 돌아보지 않고 박물관을 빠져나갔어요.

힌두교의 신들

힌두교는 기원전 1500년경 중앙아시아에서 온 아리아족이 인도에 오면서 생겼다고 알려졌을 뿐 정확히 언제부터 시작되었는지 알 수 없어요. 힌두교는 인도인의 80퍼센트 이상이 믿는 종교예요. 힌두교의 대표적인 신으로는 브라흐마와 비슈누, 시바가 있어요.

브라흐마

브라흐마는 세상을 창조한 신으로 연꽃에서 태어났다는 전설이 있어요. 사람들의 소망에 따라 3억 가지의 모습으로 변신해서 나타난다고 해요.

락슈미

비슈누의 배우자로 풍요로움과 아름다움과 행운의 여신이에요. 락슈미는 아름다운 몸매를 뽐내며 자애롭게 웃는 모습으로 묘사되고 있어요.

시바

파괴의 신으로 갠지스강을 머리에 이고, 손에는 삼지창을 쥐고 있어요. 이마 정중앙에는 빛으로 모든 것을 불태워 버린다는 제3의 눈이 있어요.

사라스바티

사라스바티는 브라흐마의 배우자로 지혜의 여신이에요. 그래서 인도에서는 학생들이 중요한 시험을 앞두었을 때 사라스바티에게 기도를 드린다고 해요.

비슈누

세상이 위기에 처할 때 인간의 모습으로 나타나 세상을 구한다고 알려진 신이에요. 사람들에게 가장 인기가 많은 신이랍니다.

파르바티

시바의 배우자로 어린이들을 보호하는 신이면서, 남편 시바처럼 파괴하는 역할을 맡기도 해요. '두르가' 혹은 '칼리'라는 이름으로 불리기도 한답니다.

가네샤

부와 지혜의 신, 마을의 수호신으로 알려져 있어요. 코끼리의 머리, 네 개에서 열 개 사이의 팔들, 항아리처럼 생긴 배를 가지고 있답니다.

토론왕 되기!

유교의 삼강오륜, 현대에도 적용될 수 있을까?

유교는 기독교나 불교, 이슬람교처럼 세상을 창조한 신을 믿는 종교는 아니에요. 하지만 하늘이 인간에게 준 인성이 가장 중요하다고 믿고 이 세상을 아름답고 올바르게 이끌어 나가려고 노력한다는 점에서 종교와 비슷하다고 말할 수 있어요.

유교는 옛날 중국 공자의 가르침에서 시작되었어요. 우리나라는 조선시대에 유교의 가르침이 널리 퍼졌어요. 왕과 벼슬아치들은 유교 정치를 실현하기 위해 항상 유교를 공부했어요. 유교를 쉽게 풀이한 '삼강오륜'을 백성들에게 알리기도 했죠.

삼강오륜이란 삼강과 오륜을 합쳐서 부르는 말이에요. 삼강에는 군위신강, 부위자강, 부위부강이 있어요. 군위신강(君爲臣綱)은 '신하는 임금과 나라를 섬겨야 한다', 부위자강(父爲子綱)은 '자식은 부모를 정성껏 섬겨야 한다', 부위부강(夫爲婦綱)은 '남편과 부인은 도리를 지켜야 한다'는 뜻이에요.

오륜에는 군신유의, 부자유친, 부부유별, 장유유서, 붕우유신이 있어요. 군신유의(君臣有義)는 '임금과 신하 사이에는 의리가 있어야 한다', 부자유친(父子有親)은 '부모와 자녀 사이에는 친함이 있어야 한다', 부부유별(夫婦有別)은 '남편과 아내는 서로 구별이 있어야 한다', 장유유서(長幼有序)는 '윗사람과 아랫사람, 어른과 어린이 사이에는 차례와 질서가 있어야 한다', 붕우유신(朋友有信)은 '친구 사이에는 믿음이 있어야 한다'는 뜻이에요. 이렇게 유교는 나라에 대한 충성과 부모에 대한 효도를 중시하는 사상으로 우리나라에 많은 영향을 미쳤답니다.

지금도 유교는 현대 사회에 많은 영향을 끼치고 있어요. 특히 효를 중시하는 유교의 사상은 갈수록 삭막해지고 효의 의미가 퇴색되어 가는 현대 사회를 되돌아보고 반성하게 하죠.

하지만 유교가 긍정적인 영향만을 끼치는 것은 아니라는 주장도 있어요. 가장인 남성이 강력한 권력을 가지고 가족 구성원을 통솔하는 가부장제, 학교나 직장 내 과도한 위계질서 등은 또 다른 폐단을 야기해 평등을 추구하는 현대에는 맞지 않는다는 것이죠. 여러분은 어떻게 생각하나요? 친구 또는 부모님과 토론해 보세요.

유교를 창시한 공자

카파크 아저씨가 여러 종교의 창시자를 알아내라고 하지 뭐예요? 쌍둥이가 쩔쩔매자, 카파크 아저씨가 힌트를 주셨어요. 사다리를 잘 타면 답을 알 수 있대요.

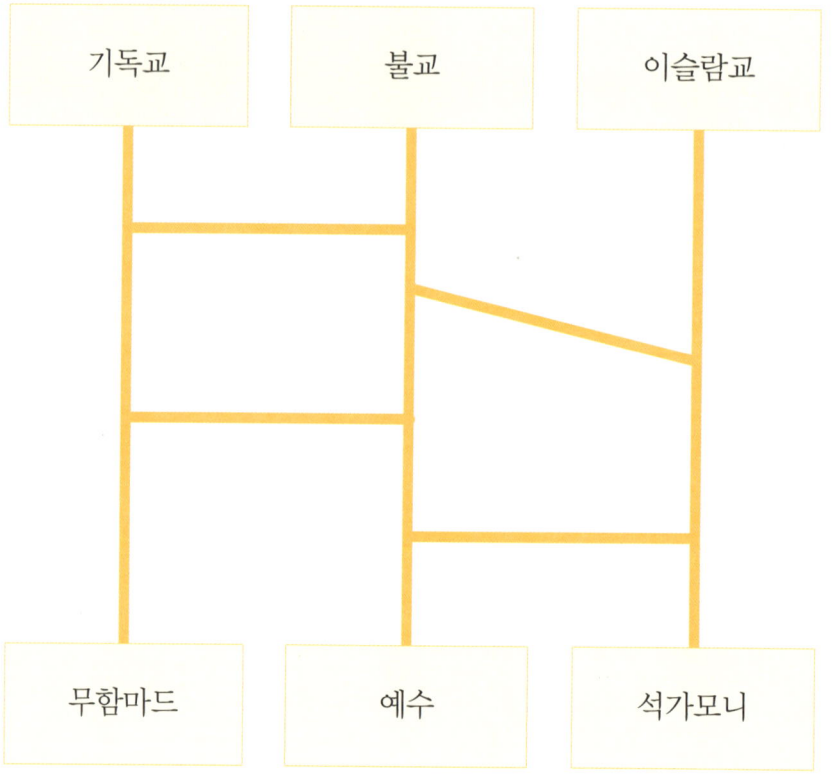

정답: 이슬람교-무함마드, 불교-석가모니, 기독교-예수

종교 관련 사이트

한국기독교총연합회 www.cck.or.kr
한국의 기독교 교단과 단체들이 모여서 만든 연합기관이에요. 복음 전파, 탈북자 돕기, 전문인 양성 등 다양한 활동을 하고 있지요.

한국천주교주교회의 cbck.or.kr
지역교회(교구)의 주교들이 모여 공통 관심사를 협의하는 기구로, 한국 천주교회를 대표해 교황청, 외국 교회, 정부와 소통하고 있어요. 교황 문헌 한국어판, 공식 교리서, 성경, 기도서, 예식서, 『매일미사』, 『경향잡지』 등을 펴내고 있어요.

대한불교조계종 www.buddhism.or.kr
우리나라 불교 18개 종단 중 최대 종파로, 많은 이들을 구휼하고 가난하고 소외된 사람들을 돕는 다양한 사회복지사업을 하고 있어요.

한국이슬람교 www.koreaislam.org
한국 내 이슬람 선교사업을 위해 설립된 단체로 『주간 무슬림 신문』 등을 발행하며 국제 간 문화교류에 힘쓰고 있어요.

어려운 용어를 파헤치자!

구약성경 예수가 태어나기 이전에 이스라엘 민족의 역사와 하느님의 계시 등을 기록한 기독교의 경전으로, 창세기에서 말라기까지예요. 일반적으로 39권으로 보고 있으나, 번역본마다 권수가 조금씩 달라요.

기독교 그리스도교의 다른 말로 예수 그리스도의 인격과 교훈을 중심으로 하는 종교예요. 천지 만물을 창조한 유일신을 섬기고, 그 독생자 예수 그리스도를 구세주로 믿어요.

대승불교 대승의 교리를 기본 이념으로 하는 불교로 많은 사람들이 깨달음을 얻을 수 있게 구제해야 한다고 주장해요.

랍비 유대교의 율법학자를 이르는 말로 '나의 스승', '나의 주인'이라는 뜻이에요.

메카 사우디아라비아 서남부에 있는, 홍해 연안의 도시예요. 이슬람교의 창시자인 무함마드(마호메트)가 태어난 곳이랍니다.

무슬림 이슬람교 신자를 이르는 말이에요.

무함마드 '마호메트'의 아랍어 이름으로 이슬람교의 창시자예요.

미사 가톨릭에서 예수의 최후의 만찬을 기념하여 행하는 제사 의식이에요.

부활절 예수의 부활을 기념하는 날이에요.

불경 불교의 교리를 적어 놓은 책이에요.

불교 기원전 6세기경 인도의 석가모니가 창시한 후 동양 여러 나라에 전파된 종교예요. 이 세상의 고통과 번뇌, 속박에서 벗어나 부처가 되는 것을 궁극적인 이상으로 삼는답니다.

석가모니 불교의 창시자로, 세계 4대 성인 중 한 사람이에요. 기원전 624년에 지금의 네팔 지방의 카필라바스투 성에서 슈도다나와 마야 부인의 아들로 태어났으며, 29세 때에 출가하여 35세에 득도했어요. 그 후 녹야원에서 다섯 수행자를 교화하는 것을 시작으로 교단을 성립했지요. 45년 동안 인도 각지를 다니며 포교하다가 80세에 입적했어요.

석가탄신일 부처님 오신 날로 석가모니가 태어난 날을 기념하는 날이에요.

성경 기독교의 경전으로 신약과 구약으로 되어 있어요.

성수 교회에서 종교적인 의식 때 쓰기 위하여 교회의 이름으로 축성(祝聖)한 물이에요.

성호 거룩한 표라는 뜻으로, 신자가 손으로 가슴에 긋는 십자가를 이르는 말이에요.

소승불교 한 사람 한 사람 개인의 해탈을 강조하는 불교예요. 스리랑카, 미얀마, 타이 등지에 퍼져 있으며, 우리나라에는 대승불교보다 먼저 전래되었어요.

수도원 수사나 수녀가 일정한 규율 아래 공동생활을 하면서 수행하는 곳으로, 수사원과 수녀원으로 나뉘어요.

순례 종교의 발생지, 성인의 무덤이나 거주지와 같이 종교적인 의미가 있는 곳을 방문하여 참배하는 것을 말해요.

신약성경 기독교의 경전으로 예수 탄생 후 하느님의 계시를 기록한 책이에요.

십자군 전쟁 11세기 말에서 13세기 말 사이에 서유럽의 기독교인들이 성지 팔레스티나와 성도 예루살렘을 탈환하기 위해 8회에 걸쳐 감행한 대원정이에요.

알라 이슬람교에서 숭배하는 유일신으로, 알라 외에는 어떠한 신도 인정하지 않아요.

어려운 용어를 파헤치자!

예수 기독교의 창시자예요.

오륜 유학에서 사람이 지켜야 할 다섯 가지 도리로 부자유친, 군신유의, 부부유별, 장유유서, 붕우유신을 이르는 말이에요.

유교 옛날 중국 공자의 가르침에서 시작된 도덕 사상이에요. 인 사상을 바탕으로 나라에 대한 충성과 부모에 대한 효도를 중시하는 사상이죠.

유대교 기독교와 같이 하느님을 믿는 종교이지만 예수를 하느님의 아들이라고 인정하지 않는 데에 큰 차이점이 있어요.

원효 스님 신라의 승려로 일심과 화쟁 사상을 중심으로 불교의 대중화에 힘썼어요. 수많은 저술을 남겨 불교 사상의 발전에 크게 기여했지요.

이슬람교 610년 무함마드가 창시한 종교예요.

종교 개혁 16~17세기 유럽에서 로마 가톨릭 교회의 쇄신을 요구하며 등장한 개혁운동이에요.

천주교 로마 교황을 교회의 대표자로 인정하는 종교예요.

카스트 인도 사회 특유의 신분제도로 옛날 인도에서는 직업에 따라 사람들을 크게 네 가지 신분으로 나누었어요.

코란 이슬람교의 경전으로 창시자 무함마드가 천사의 계시를 듣고 읽은 것을 정리한 거예요.

탈무드 유대인 율법학자들이 사상에 대해 구전·해설한 것을 집대성한 책이에요.

토라 유대인의 율법서예요.

해탈 불교에서 인간의 속세적인 모든 속박으로부터 벗어나 자유롭게 되는 상태를 말해요.

헌금 하느님의 은혜에 감사하며 하느님께 드리는 예물이에요.

회당 유대교 공동체의 예배당이에요.

힌두교 인도에서 고대부터 전해 내려오는 브라만교와 민간신앙이 융합하여 발전한 종교로 여러 신들의 존재를 믿어요.

# 신나는 토론을 위한 맞춤 가이드

이 세상의 여러 종교에 대한 이야기를 재미있게 읽었나요? 이제 종교에 관한 한 박사가 다 되었다고요? 그럼 세계의 종교에 대해 토론을 해 볼까요? 토론을 잘하려면 올바른 지식과 다양한 정보가 바탕이 되어야 해요. 책을 다 읽고 친구 또는 부모님과 함께 신나게 토론해 봐요!

잠깐! 토론과 토의는 뭐가 다르지?

토론과 토의는 모두 어떤 문제를 해결하기 위해 의견을 나누는 일입니다. 하지만 주제와 형식이 조금씩 달라요. 토의는 여러 사람의 다양한 의견을 한데 모아 협동하는 일이, 토론은 논리적인 근거로 상대방을 설득하는 일이 중요합니다. 토의는 누군가를 설득하거나 이겨야 하는 것이 아니기 때문에 서로 협력해서 생각의 폭을 넓히고 좋은 결정을 내릴 때 필요해요. 반면 토론은 한 문제를 놓고 찬성과 반대로 나뉘어 서로 대립하는 과정을 거치지요.

넓은 의미에서 토론은 토의까지 포함하는 경우가 많습니다. 토론과 토의 모두 논리적으로 생각 체계를 세우고, 사고력과 창의성을 높이는 데 도움을 준답니다.

토론의 올바른 자세

말하는 사람
1. 자신의 말이 잘 전달되도록 또박또박 말해요.
2. 바닥이나 책상을 보지 말고 앞을 보고 말해요.
3. 상대방이 자신의 주장과 달라도 존중해 주어요.
4. 주어진 시간에만 말을 해요.
5. 할 말을 미리 간단히 적어 두면 좋아요.

듣는 사람
1. 상대방에게 집중하면서 어떤 말을 하는지 열심히 들어요.
2. 비스듬히 앉지 말고 단정한 자세를 해요.
3. 상대방이 말하는 중간에 끼어들지 않아요.
4. 다른 사람과 떠들거나 딴짓을 하지 않아요.
5. 상대방의 말을 적으며 자기 생각과 비교해 봐요.

 체계적으로 생각하기

각각의 종교들은 어떤 가르침을 줄까?

이 세상에는 참으로 많은 종교가 있어요. 그 종교들은 저마다 조금씩 다르지만 추구하는 것은 비슷해요. 각각의 종교들이 어떤 가르침을 주는지 본문을 읽고 찾아서 적어 보세요.

기독교

불교

이슬람교

힌두교

유대교

 **논리적으로 말하기 1**

종교 분쟁을
해결할 방법은 없을까?

혹시 종교 분쟁에 대해 들어본 적 있나요? 세계화 시대에 무슨 종교 분쟁이냐고 할지 모르지만 21세기에도 세계 곳곳에서는 종교 분쟁이 일어나고 있답니다. 다음 기사를 읽어 보고 종교 분쟁을 해결할 방법은 없는지 이야기해 봅시다.

뉴욕서 이슬람 지도자, 대낮에 피격 사망

미국 뉴욕 시에서 방글라데시 이주민 출신 이맘(이슬람 성직자)이 백주 대낮에 괴한의 총에 맞아 숨지는 사건이 발생했다. 현지 경찰은 검은색 폴로 티셔츠와 반바지를 입은 히스패닉 계열로 보이는 괴한이 두 사람을 뒤에서 공격한 뒤 달아났다고 밝혔다. 방글라데시 이주민들의 예배 공간으로 주로 사용되는 이 모스크에서 2년간 이맘 역할을 수행해 온 아콘지는 피습 당시 종교 예식 복장을 하고 있었다. 1000달러 이상의 현금을 지니고 있었지만 범인은 현금을 가져가지는 않았다.
경찰은 이슬람교에 대한 혐오 범죄일 가능성에 대해 "예비조사 결과 이들이 종교 때문에 공격당했다는 증거는 찾지 못했다"고 밝혔지만 뉴욕타임스는 익명의 경찰을 인용해 "이번 범행은 일정 부분 계획된 것으로 보인다"고 보도했다.
사건 발생 지역 인근의 방글라데시 이주민들은 이를 혐오 범죄로 규정하고 13일 밤 100여 명이 모여 "정의를 원한다"고 외치는 등 시위를 벌였다. 인근 주민인 카이룰 이슬람은 뉴욕데일리뉴스 인터뷰에서 "이번 사건은 도널드 트럼프 탓이다. 트럼프가 이슬람 혐오 분위기를 만들었다"고 주장해 미국 사회의 소수자 불관용 정서를 사건 배경으로 지적했다. 미국 내 이슬람 권익단체인 미국 이슬람관계위원회(CAIR)도 사건 현장에서 기자회견을 열고 "이는 혐오 범죄다. 우리는 평화를 사랑한다"고 주장했다.

1. 기사에서 경찰들은 왜 이슬람교에 대한 혐오 범죄가 아니라고 했나요?

2. 방글라데시 이주민들은 왜 혐오 범죄라 생각했을까요?

3. 종교 분쟁을 막을 방법은 없을까요? 좋은 방법이 있다면 적어 보세요.

4. 사람들은 이슬람교에 대해 무서운 종교라는 편견을 가지고 있어요.
   왜 그런지 생각해 봅시다.

 **논리적으로 말하기 2**

사이비 종교는 사람들에게
어떤 영향을 끼칠까?

사이비 종교라는 말을 들어 본 적 있나요? 우리나라는 종교의 자유를 보장하기 때문에 누구나 종교를 선택할 자유가 있어요. 그래서 사람들은 다양한 종교를 믿고 있지요. 다음은 1998년 우리나라를 떠들썩하게 만든 사이비 종교에 대한 기사랍니다. 기사를 읽고 사이비 종교는 무엇이고, 왜 사람들이 사이비 종교에 빠지는지 생각해 봅시다.

35년 일제 식민지에서 벗어나 대한민국을 건국한 지 2년 만에 전쟁이 일어났다. 3년 동안 무수한 사람이 죽고 집과 재산이 불탔다. 죽음, 가난, 질병, 기아의 고통 속에서 사람들은 절과 교회를 찾았다. 한국에서 기독교가 세계에서 유례가 드물게 빠르게 전파된 것은 환란을 겪는 민중의 안식처로서 순기능을 했고, 우리보다 앞선 서양문물을 갖고 들어왔기 때문일 것이다. 기독교의 발흥 속에서 신자들의 재산을 가로채고 인권을 유린하고 혹세무민하는 사이비도 기승을 부렸다.
1987년 오대양 공장 식당의 천장에서 32명이 집단 변사한 사건이 터졌다. 구원파의 열성 신도들이었다. 사건의 주역인 박순자 씨는 구원파의 대전지역 책임자였다. 함께 죽거나 살해당한 사람들은 박씨에게 헌금을 했거나 돈을 빌려준 신도들이었다. 박씨가 모금한 돈의 일부를 구원파 본부의 유병언 씨에게 전달했음이 검찰 수사에서 전표 추적을 통해 증명됐다.
박순자 씨는 오대양 공장에서 신도들에게 돌아가며 회개(자아비판)를 시키고 몰매를 때렸다. 그러다 죽으면 암매장을 했다. 1991년 신도 3명을 죽여 암매장한 오대양 직원 6명이 집단으로 충남 도경에 자수하면서 오대양 집단 변사 사건이 재조명을 받았다. 오대양 사건을 보면 배타적인 구원관(觀)을 가진 종교가 사회에 해독을 끼치고 인간을 파멸에 이르게 할 수도 있음을 생생하게 보여준다.

1. 사이비 종교란 무엇일까요?

2. 어떤 사람들이 사이비 종교에 빠질까요?

3. 사이비 종교는 사람들에게 어떤 영향을 끼칠까요?

창의력 키우기

각각의 종교의 이름과 겉모습은 다르지만, 종교가 추구하는 가르침은 비슷해요. 세계화 시대를 맞아 나와 다른 종교를 이해하고 포용하는 방법에는 어떤 것이 있을지 적어 봅시다.

예시 답안

각각의 종교들은 어떤 가르침을 줄까?

- 기독교 기독교는 사랑을 가르치는 종교로, 모든 사람은 평등하고, 가난하든 부자든 죄가 있든 없든 가리지 않고 하느님은 모두를 사랑한다고 가르친다.

- 불교 불교에서는 살아 있을 때 나쁜 짓을 많이 한 사람은 다음 세상에 동물로 태어나고, 좋은 일을 많이 한 사람은 다시 사람으로 태어난다고 믿는다. 그래서 살아 있을 때 덕을 많이 베풀고 정직하게 잘살아야 한다고 가르친다.

- 이슬람교 이슬람교에서는 악한 것을 금지하고 올바른 것을 행하며 예언자와 그들을 따르는 사람들을 사랑하라고 가르친다.

- 힌두교 힌두교에서는 착한 일을 많이 하면 좋은 신분으로 태어난다고 믿는다. 모든 것은 자기 자신이 전생에 지은 업에 따른 것이기 때문에 욕심 없이 봉사하고 지혜롭게 살아가면서 신을 사랑하며 살아가라고 가르친다.

- 유대교 유대교에서는 하느님의 말씀인 구약성경에 나와 있는 모든 규칙을 지키며 살아가라고 가르친다.

종교 분쟁을 해결할 방법은 없을까?

1. 사건 조사 결과, 이슬람교를 혐오해서 벌인 범죄라는 증거가 나오지 않았기 때문이다.

2. 미국인들의 소수자 불관용 정서로 인해 타 종교인 이슬람교를 배척한다고 생각했기 때문이다.

3. 종교는 서로 다른 듯하지만 추구하는 기본 정신은 모두 비슷하다. 사람들의 생김새가 모두 다르듯이 종교 역시 그 모습이 조금씩 다르다는 것을 인정한다면 종교 분쟁은 더 이상 일어나지 않을 것이다.

4. 대부분의 사람들은 뉴스를 통해 이슬람교도들이 테러를 일으키는 모습을 종종 봤기 때문에 이슬람교가 무서운 종교라는 편견을 가지고 있다. 전 세계에는 10억 명이 넘는 무슬림이 있다. 그중 몇 사람이 잘못을 했다고 해서 이슬람교 전체를 나쁘게 생각해서는 안 될 것이다.

사이비 종교는 사람들에게 어떤 영향을 끼칠까?

1. 사이비 종교란 가짜 종교라는 의미로, 종교라고 그럴듯하게 포장하고 있지만, 종교의 기본 요건인 교조와 교리 등을 제대로 갖추지 못하고 비종교적인 목적을 추구하는 단체나 집단을 말한다.

2. 보통 사람보다 나약한 마음을 지녔거나 타인에게 쉽게 의존하는 사람이 쉽게 사이비 종교에 빠지게 된다.

3. 사이비 종교처럼 배타적인 구원관을 가진 종교는 사회에 해독을 끼치고 인간을 파멸에 이르게 할 수도 있음을 생생하게 보여준다.

뭉치 수학왕 전 40권

수학이 쉬워지고, 명작보다 재미있는

"인공지능(AI) 시대의 힘은 수학에서 나온다!"

정가 480,000원

개념 수학 〈1단계〉① 양치기 소년은 연산을 못한대(수와 연산) ② 견우와 직녀가 분수 때문에 싸웠대(수와 연산) ③ 헨젤과 그레텔은 도형이 너무 어려워(도형) ④ 쉿! 신데렐라는 시계를 못 본대(측정) ⑤ 알쏭달쏭 알라딘은 단위가 헷갈려(측정) ⑥ 떡집 할머니와 호랑이는 구구단을 몰라(규칙성) ⑦ 아기 염소는 경우의 수로 늑대를 이겼어(자료와 가능성) ⑧ 개념 수학 1단계-백점맞는 수학 문장제 〈2단계〉⑨ 가우스, 동화 나라의 사라진 0을 찾아라(수와 연산) ⑩ 가우스는 소수 대결로 마녀들을 물리쳤어(수와 연산) ⑪ 앨런, 분수와 소수로 악당 히들러를 쫓아내라(수와 연산) ⑫ 오일러와 피노키오는 도형춤 대회 1등을 했어(도형) ⑬ 오일러, 오즈의 입체도형 마법사를 찾아라(도형) ⑭ 유클리드, 플라톤의 진리를 찾아 도형 왕국을 구하라(도형) ⑮ 아르키는 어림하기로 걸리버 아저씨를 구했어(측정) ⑯ 페르마, 수리수리 규칙을 찾아라(규칙성) ⑰ 피보나치, 수를 배열해 비밀의 방을 탈출하라(규칙성) ⑱ 파스칼은 통계 정리로 나쁜 왕을 혼내줬어(자료와 가능성) ⑲ 개념 수학 2단계-백점맞는 수학 문장제 〈3단계〉⑳ 약수와 배수로 유령 선장을 이긴 15소년(수와 연산) ㉑ 입체도형으로 수학왕이 된 앨리스(도형) ㉒ 원주율로 떠나는 오디세우스의 수학 모험(측정) ㉓ 비례배분으로 보물섬을 발견한 해적 실버(규칙성) ㉔ 로미오와 줄리엣이 첫눈에 반할 확률은?(자료와 가능성) ㉕ 개념 수학 3단계-백점맞는 수학 문장제

융합 수학 ㉖ 쌍둥이 건물 속 대칭축을 찾아라(건축) ㉗ 열차와 배에서 배수와 약수를 찾아라(교통) ㉘ 스포츠 속 황금 각도를 찾아라(스포츠) ㉙ 옷과 음식에도 단위의 비밀이 있다고?(음식과 패션) ㉚ 꽃잎의 개수에 담긴 수열의 비밀(자연)

창의 수학 ㉛ 퍼즐탐정 셜링홈즈1-외계인 스콜피오스의 음모 ㉜ 퍼즐탐정 셜링홈즈2-315일간의 우주여행 ㉝ 퍼즐탐정 셜링홈즈3-뒤죽박죽 백설공주 구출 작전 ㉞ 퍼즐탐정 셜링홈즈4-'지지리 마란드려'의 방학숙제 대작전 ㉟ 퍼즐탐정 셜링홈즈5-수학자 '더하기를 모테'와 한판 승부 ㊱ 퍼즐탐정 셜링홈즈6-설국언차 기관사 '얼어도 달리능기라' ㊲ 퍼즐탐정 셜링홈즈7-해설 및 정답

개념 사전 ㊳ 수학 개념 사전 1(수와 연산) ㊴ 수학 개념 사전 2(도형) ㊵ 수학개념사전 3(측정/규칙성/자료와 가능성)